[redacted]

THOMAS MERTON

MEDITATIONEN EINES EINSIEDLERS

[redacted]

REIHE
KLASSIKER DER MEDITATION

THOMAS MERTON

MEDITATIONEN EINES EINSIEDLERS

ÜBER DEN SINN VON MEDITATION UND EINSAMKEIT

BENZIGER VERLAG

Aus dem Englischen übersetzt von Marianne Wilke
Titel der Originalausgaben: »Spiritual Direction and Meditation« (auszugsweise 1. Teil) und »Thoughts in Solitude« (2. Teil), beide Curtis Brown New York

2. Auflage 1979, 8. Tausend

Umschlaggestaltung: Peter Kunz, Bülach/Zürich
Gesamtherstellung: Clausen & Bosse, Leck
ISBN 3 545 20504 5

INHALT

EINLEITUNG

Der meinen Veröffentlichungen gegenüber aufgeschlossene Leser, der in den Büchern «Verheißungen der Stille» und «Keiner ist eine Insel» einiges von Belang zu entdekken vermochte, findet vielleicht an den auf den folgenden Seiten zusammengetragenen Gedanken einigen Gefallen. Wenn sie überhaupt eine Aussage enthalten, dann haben sie doch zumindest den Vorteil, daß sie einiges von dem erwähnen, was der Verfasser in erster Linie immer wieder sich selbst und denen gegenüber betont, die seine Ansichten mehr oder weniger teilen. Das gilt vor allem vom zweiten Teil des vorliegenden Bändchens, das von der «Einsamkeit» handelt. Wer das an Aussagen so reiche Buch «Die Welt des Schweigens» von Max Picard gelesen hat, wird an vielen Stellen meiner Meditationen den Spuren des Schweizer Philosophen wieder begegnen.

Dem ersten Teil dieses Bändchens liegen Aufzeichnungen über die Meditation zugrunde, die im Laufe des Jahres 1951 angefertigt wurden und als Vorarbeit zu der Broschüre «What Is Contemplation» gedacht waren. Nachdem diese Notizen in die Schreibmaschine übertragen worden waren, wurden sie beiseite gelegt und gerieten in Vergessenheit. Sie werden nunmehr, mit einigen Überarbeitungen und Vervollständigungen versehen, der Leserschaft im Druck vorgelegt.

Die Meditation läßt sich nicht mit Hilfe eines Buches erlernen. Nur wenn sie konsequent geübt, «gelebt» wird, läßt sich ein Zugang zu ihr finden. Zweifellos können jedoch auch nur einige wenige zur rechten Zeit und auf eine ansprechende Weise erteilte Hinweise manch einem ihr Verständnis wesentlich erleichtern.

Die vorliegenden Seiten erheben keinerlei Anspruch auf

Vollständigkeit oder erschöpfende wissenschaftliche Gründlichkeit. Sie haben lediglich die Absicht, in aller Einfachheit auf einige wesentliche Tatbestände hinzuweisen, deren Verständnis für jeden erforderlich ist, der bereit ist, sich mit der Meditation intensiv und ernsthaft zu beschäftigen. An keiner Stelle meiner Darlegungen habe ich darauf bestanden, daß die Übung der Betrachtung unentbehrlich sei. Außerdem lag es mir fern, den Versuch zu unternehmen, meinen Lesern ein fertiges Rezept für die Meditation und ihre Technik zu liefern. Ich durfte es ja wohl als selbstverständlich voraussetzen, daß jemand, der keinerlei Interesse für die Meditation mitbringt, dieses Buch niemals zur Hand nehmen wird. Mit diesen Ausführungen sollen vielmehr jene angesprochen werden, denen die Meditation bereits zu einem persönlichen Anliegen geworden ist und die die Absicht haben, sie regelmäßig zu üben. Das bereits bestehende Verlangen nach Vertiefung bedeutet natürlich eine wesentliche Vorbedingung für die Ansprechbarkeit des Lesers. Warum viele, die eine größere Vertrautheit mit der Meditation erlangen möchten, dabei keinerlei Fortschritte zu verzeichnen haben, liegt wohl hauptsächlich daran, daß sie sich nicht eingehend, nicht nachdrücklich genug um ein intensiveres Eindringen bemühen. Wem die Betrachtung kein echtes Herzensanliegen bedeutet, sollte hier keineswegs mit Erfolgen rechnen. Es trifft auf den Weg der Meditation wie auf keinen anderen Weg unseres Lebens so sehr zu, daß wir uns, mit Gottes Hilfe, selbst zu mühen und zu bemühen haben! Und niemandem ist es gegeben, diesen Weg für uns zu gehen!

Die Aufzeichnungen im zweiten Teil stammen aus den Jahren 1953 und 1954, aus einer Zeit, da es dem Verfasser durch Gottes Beistand und infolge einer gütigen Erlaubnis der Oberen vergönnt war, sich häufiger in die Abgeschiedenheit zurückzuziehen, um dort intensiver zu meditieren. Das bedeutet jedoch nicht, daß diese Ausführungen subjektiven oder autobiographischen Charakter haben. Sie beabsichtigen keineswegs, einen Bericht über geistliche Abenteuer zu liefern. Der Verfasser kann nur sagen, daß in dieser Zeitspanne keine außergewöhnlichen geistlichen Erlebnisse vorlagen. Und wäre dies wirklich der Fall gewesen, so hätte er derartige Dinge wohl kaum zu Papier gebracht. Hier soll nur in aller Einfachheit über das beschauliche Leben nachgedacht werden. Grundlegende Erwägungen werden aufgespürt, die dem Autor damals als durchaus wesentlich erschienen sind.

Hier bedarf es aber wohl doch einer klareren Formulierung. Es kann durchaus möglich sein, daß die dem Verfasser als so wesentlich erscheinenden Überlegungen anderen Menschen, die nicht in die gleiche Berufung wie der Autor gestellt sind, nur wenig zu sagen haben. So gesehen, handelt es sich bei diesen Ausführungen letztlich doch um ein ganz persönliches Zeugnis. Zuweilen sind die Erwägungen ganz allgemeiner Natur. Andere Stellen wiederum bieten Gemeinplätzen nicht ganz unähnliche kurze Streiflichter. Doch nirgendwo können diese Aufzeichnungen als esoterisch empfunden werden. In der Hauptsache jedoch haben diese Reflektionen über die Einsamkeit des Menschen vor Gott, über das Zwiegespräch des Menschen mit Gott im Schweigen und über die gegenseitige Beziehung der Menschen mit ihrem Recht auf Person-Sein, Einmaligkeit und Einsamkeit ihre Wurzel im inneren Wesenskern der ganz eigenen Lebensweise des Verfassers. Am Rande sei bemerkt, daß die Art, die Dinge zu sehen und zu erleben, nicht unbedingt das Ideal des monastischen Ordens wiedergibt, dem der Verfasser nun einmal angehört. Trotzdem geht es jedoch letztlich um ein monastisches Ideal.

Es braucht wohl kaum erwähnt zu werden, daß seit den

Jahren, da diese Aufzeichnungen zu Papier gebracht wurden, nicht vieles im Leben des Verfassers beim alten geblieben ist und daß den hier angeritzten Gedankengängen eine Weiterentwicklung in die verschiedensten Richtungen beschieden war.

In einem Zeitalter, da der Totalitarismus pausenlos bestrebt ist, den Menschen als Person in jeder Beziehung zu entwerten und zu degradieren, halten wir es für angebracht, einem ausgewogenen, vernünftigen Eintreten zugunsten der inneren Freiheit und der unveräußerlichen Unantastbarkeit der menschlichen Persönlichkeit Gehör zu verschaffen. Dem mörderischen Lärm unseres Materialismus darf es nicht gelingen, die unabhängigen Stimmen zum Schweigen zu bringen, die niemals verstummen werden: Seien es nun die Stimmen der christlichen Heiligen oder der orientalischen Weisen, die Stimmen eines Lao-Tse oder der Zen-Buddhisten, die Stimmen eines Thoreau, eines Martin Buber oder eines Max Picard. Ohne Frage ist es richtig, zu betonen, daß der Mensch ein «auf die Gemeinschaft hingeordnetes Wesen» ist; diese Tatsache läßt sich wohl kaum bestreiten. Doch berechtigt dies in keiner Weise dazu, aus ihm ein bloßes Rädchen in einer totalitären Maschine – oder auch in einem religiösen Apparat, um dies auch einmal am Rande zu erwähnen – zu machen!

In der Tat beruht das Wohl der Gesellschaft auf dem inneren, unantastbaren Recht auf Person-Sein eines jeden ihrer Träger. Um würdig zu sein, Gesellschaft genannt zu werden, darf sie nicht aus Nummern oder mechanischen Aggregaten «zusammengesetzt» sein, sondern sie muß aus Personen bestehen. Person-Sein bedeutet Verantwortung und Freiheit, und diese wiederum setzen innere Unantastbarkeit, letztliche Unverletzlichkeit der Person sowie ein Bewußtsein eigener Wirklichkeit und Entscheidungsfähigkeit voraus, sich in den Dienst der Gesellschaft zu stellen – oder sich ihr zu versagen.

Wenn der Mensch ohne weiteres in einer Masse menschlicher, von automatischen Kräften angetriebenen Wesen untertaucht, wenn er in der Anonymität untergeht, verliert er seine echte Menschlichkeit, seine unveräußerliche innere Substanz, seine Fähigkeit zur Liebe und zur eigenen Entscheidung. Wenn die Gesellschaft von Menschen getragen wird, die das wahre Person-Sein eingebüßt haben, kann auch die Liebe sie nicht mehr zusammenhalten. Damit fällt jedoch diese Aufgabe jenen zu, die sie nur unter Anwendung von Gewalt und unter Mißbrauch ihrer Macht zu lösen vermögen. Wird jedoch der Mensch dazu gezwungen, sein Recht auf die ihm zustehende Unantastbarkeit der Person und auf Freiheit preiszugeben, dann wird die Gesellschaft, in der er lebt, zersetzt und vom Gift des Kriechertums, der Mißgunst und des Hasses angefressen.

Keinem noch so bemerkenswerten technischen Fortschritt wird es je gelingen, die materialistische Gesellschaft von ihrem Haß zu heilen, der, einer geistigen Krebsgeschwulst nicht unähnlich, die Substanz ihrer gesunden Zellen abschnürt. Das alleinige Heilmittel ist und kann nur geistlicher Natur sein. Es hat wenig Sinn, den Menschen von Gott und von der Liebe zu sprechen, wenn sie des Hörens unfähig geworden sind. Die Ohren, mit denen wir die Frohbotschaft vernehmen, sind im Herzen des Menschen verborgen, und sie vermögen nichts zu hören, wenn ihnen nicht Abgeschiedenheit, das Bei-Sich-Sein und Stille zu Hilfe kommen.

Mit anderen Worten heißt das: Da der Glaube auf Freiheit und eigene Entscheidung hingeordnet ist, – auf die freiwillige Annahme der in Freiheit geschenkten Gnade – kann sich der Mensch nicht im Einklang mit einer geistlichen Verkündigung befinden, solange sein Geist und sein Herz in den Fesseln des Automatismus liegen. Wenn er in der Masse anderer Roboter ohne Persönlichkeit und ohne die ihnen zustehende individuelle Unverletzlichkeit untergeht, vermag er nicht, die Ketten der Knechtschaft abzuwerfen.

Was hier von der inneren Einsamkeit, von dem Bei-Sich-Sein gesagt ist, will nicht nur ein Rezept für Einsiedler sein. Es hat Gültigkeit für die gesamte Zukunft des Menschen und seiner Welt, besonders natürlich für sein zukünftiges religiöses Leben.

I. DIE MEDITATION

1. Was ist Meditation?

Wenn der menschliche Geist sich in konzentriertes Nachdenken versenkt, bezeichnen wir diesen Vorgang mit Meditation, wobei wir diesen Begriff so weit wie möglich fassen. In dieser Sinngebung beschränkt sich die Bezeichnung nicht auf das rein religiöse Reflektieren, sondern umgreift im wesentlichen eine ernsthafte geistige Tätigkeit sowie eine Art Versenkung oder Konzentration, die ein planloses Abirren der Gedanken verhindert und sie vor einer verschwommenen Ziellosigkeit bewahrt.

Hier muß jedoch von vornherein klargestellt werden, daß sich der Denkvorgang, wie wir ihn im folgenden verstehen, nicht auf eine rein geistige Betätigung und noch viel weniger auf bloßes logisches Denken bezieht. Die Meditation, die Reflektion oder die Betrachtung umfaßten nicht nur den Geist, sondern auch das Herz, ja, den ganzen Menschen. Wer ernsthaft meditiert, denkt nicht nur nach, sondern er liebt auch. Auf Grund dieser seiner Liebe, zumindest aber auf Grund seiner teilnehmenden Erkenntnis der Wirklichkeit, über die er reflektiert, dringt der Mensch in diese Wirklichkeit ein.

Thomas von Aquin und Bernhard von Clairvaux stellen die Meditation («Consideratio») als «Suchen nach der Wahrheit» dar. Und doch unterscheidet sich ihre Art der «Meditation» grundlegend von dem, was wir mit Studium bezeichnen, wobei darauf geachtet werden muß, daß auch das Studium ein «Suchen nach der Wahrheit» ist. Gewiß können Meditation und Studium eng zusammenhängen. Tatsächlich bleibt das Studium in seiner geistlichen Sinngebung unfruchtbar, wenn es den Menschen nicht zu einer Art des Nachdenkens führt, das seine ganze innere Einheit umfaßt. Beim Studium forschen wir mit Hilfe von Büchern und anderen Quellen, also von außen her, nach der Wahrheit. In der Meditation versuchen wir, uns in das, was wir uns geistig zueigen gemacht haben, zu versenken. Wir denken über Grundsätzliches nach, das uns im Verlauf unseres Studiums begegnet ist, und wenden es auf unser eigenes Leben an.

Beim Studium können wir uns mit einer Idee, einer Konzeption, die wahr ist, begnügen. Das Wissen «von» der Wahrheit reicht in diesem Fall aus. Die Meditation hingegen spricht diejenigen an, denen ein objektives, begriffliches Wissen «vom» Leben, «von» Gott – «von» den letzten Dingen – nicht genügt. Sie suchen eine innige, unmittelbare Begegnung mit der Wahrheit selbst: mit Gott. Sie trachten danach, die tiefsten, wesentlichsten Wirklichkeiten des Lebens zu erfahren, indem sie sie «leben». Die Meditation ist ein Weg, auf dem man dieses Ziel erreichen kann.

Obwohl die Definition des Begriffs Meditation als «Suchen nach der Wahrheit», «Inquisitio Veritatis», die Tatsache erhellt, daß es sich hier vorwiegend um einen rein geistigen Vorgang handelt, sagt «Meditation» in ihrer eigentlichen Sinngebung viel mehr aus. Thomas und Bernhard sprachen von einer Meditation, deren Grundausrichtung religiöser oder zumindest philosophischer Natur ist, und die darauf hinzielt, unser ganzes Sein mit einer letztlichen, außerhalb unseres Ichs liegenden und über uns hinaus gehenden Wirklichkeit in Verbindung zu bringen. Dieses zur Vereinigung strebende, liebende Erkennen beginnt in der Meditation, entfaltet sich jedoch zu seiner vollen Blüte erst im kontemplativen Gebet.

Dieser Punkt ist für uns sehr wesentlich. Im engen Sinn handelt es sich auch bei der religiösen Meditation in erster

Linie um einen geistigen Vorgang, dessen Ziel jedoch außerhalb des rein Geistigen liegt. Meditierendes Denken ist ganz einfach der Beginn eines Vorgangs, der zum inneren Gebet führt und der, wie angenommen wird, gewöhnlich im Schauen und in der affektiven Vereinigung mit Gott gipfelt. Diese gesamte Entwicklungsphase (in der die Meditation in die Beschauung übergeht) können wir mit dem Begriff «inneres Gebet» bezeichnen. Tatsächlich bezeichnet man im praktischen Sprachgebrauch das «innere Gebet» häufig mit dem Ausdruck «Meditation». Wenn wir jedoch den Begriff «Meditation» einmal näher analysieren, dann ergibt sich ganz eindeutig, daß die Meditation nur einen kleinen Ausschnitt des ausgedehnten Gebietes innerer Betätigungen darstellt, aus deren Gesamtheit das innere Gebet entsteht. Mit Meditation bezeichnen wir eine frühe Entwicklungsstufe im Rahmen des inneren Lebens, wo sich Herz und Geist auf eine Reihe innerer Betätigungen konzentrieren, die uns auf die Vereinigung mit Gott vorbereiten sollen.

Wenn dem Nachdenken keine affektive Zielrichtung zugrunde liegt, wenn sein Anfang und sein Ende ausschließlich im Verstandesbereich zu suchen sind, führt es nicht zum Gebet, zur Liebe oder zu jener innigen Teilhabe an Gott. Deshalb gehört es auch nicht zum eigentlichen Gebiet des inneren Gebets. Ein solches Nachdenken ist im Grunde kein Meditieren. Es bleibt außerhalb des von Glauben und Beten bestimmten Bereiches. Aus diesem Grund beziehen wir diese Art des Nachdenkens auch nicht in unsere Untersuchungen ein. Schließlich steht es ja auch in keinerlei Zusammenhang mit unserem Thema. Deshalb genügt es hier, wenn wir in aller Kürze und Klarheit betonen, daß jemand, der annimmt, sein Bedürfnis nach Meditation mit einem reinen Verstandesdenken befriedigen zu können, seine Zeit verschwendet. Es geht bei der Meditation auch nicht darum, die Dinge eingehend zu «durchdenken», wodurch einwandfreie ethische Entscheidungen zustande kommen. Die Meditation ist mehr als ein rein praktisches Denken.

Das Unterscheidungsmerkmal der Meditation läßt sich wohl am besten folgendermaßen einfangen: Die Meditation ist ein aus der Liebe entspringendes Suchen nach der Wahrheit, das den Besitz der Wahrheit nicht nur im Wissen, sondern auch in der Liebe erstrebt. Aus diesem Grunde ist die Meditation eine Betätigung des Verstandes, die sich nicht von einer intensiven geistigen Konzentration und einer Willensbetätigung trennen läßt. Die «Gegenwart der Liebe» in der Meditation vertieft und verklärt unser Denken, wodurch ihm ein stark affektiver Charakter verliehen wird. Unser Meditieren wird erfüllt von einer bereiten, liebenden Hinwendung zu jenem «Gut», das, in der höchsten Wahrheit verborgen, das Suchen des Verstandes bestimmt. Dieser affektive Willenstrieb, der nach der Wahrheit als dem höchsten Gut der Seele trachtet, hebt die Seele aus der spekulativen Dimension heraus und macht unser Suchen nach der Wahrheit zu einem von liebender Ehrfurcht und Anbetung getragenen Gebet, das versucht, die dunkle, zwischen Gottes Thron und uns stehende Wolke zu durchdringen. Die Flügel unseres Flehens schlagen gegen diese Wolke. Schmerzlich bekennen wir unsere Armseligkeit und Hilflosigkeit. Anbetend fallen wir nieder vor Gottes Barmherzigkeit und höchster Vollkommenheit. Seiner Anbetung geben wir uns völlig hin.

Wir können das innere Gebet gut mit einer Feuerwerk-Rakete vergleichen. Vom Funken göttlicher Liebe entfacht, fliegt die Seele himmelwärts in einem Verstandesakt, der so geradlinig und so zielgerichtet wie die feurige Spur der Rakete ist. Die Gnade hat unsere verborgensten geistigen Kräfte geweckt und verleiht uns bei unserem Aufstieg zu neuen, unerwarteten Höhen ihren Beistand. Trotzdem erschöpfen sich unsere eigenen Fähigkeiten zusehends.

Dem Verstand ist ein höherer Flug himmelwärts nicht vergönnt. Der Geist gelangt an einen Punkt, wo er, im Bewußtsein seiner Begrenzung, die unendliche Größe des unerreichbaren Gottes anerkennt und bezeugt.

Hier nun erreicht die Meditation den Gipfel. Wiederum übernimmt die Liebe die Führung, und die Rakete «explodiert» in einem Funkenregen glühend dargebrachter Gottespreisungen und -huldigungen. So sendet die Liebe eine Vielzahl brennender Sterne empor, eine Fülle des Handelns und Wollens, das zum Besten des menschlichen Geistes gehört. Und die Seele verzehrt sich in immer stärker um sich greifenden Flammen, die Gottes Namen preisen, während sie auf die Erde niederstürzen und dort im Nachtwind erlöschen.

Uns wird nun verständlich, warum Albert der Große, der Lehrer des Aquinaten, der diesem in Köln und Paris das theologische Rüstzeug mitgab, zwei Arten der Kontemplation unterscheidet: die eines Philosophen und die eines Heiligen.

Die Beschauung des Philosophen trachtet einzig und allein nach der Vollendung des Beschauers. Sie reicht nicht weiter als der Verstand. Die Beschauung des Heiligen hingegen wird durch die Liebe zum Beschauten, durch die Liebe zu Gott, entfacht. Darum bildet auch nicht der Verstandesakt ihr letztliches Ziel; mittels der Liebe geht sie vielmehr in den Willen über.

In diesem Zusammenhang bemerkt Thomas von Aquin, der Schüler Alberts des Großen, daß die Gotteserfahrung eines Beschauenden hier auf Erden durch das Licht brennender Liebe erzeugt wird. «Per ardorem caritatis datur cognitio veritatis.» (Kommentar zum 5. Kapitel des Johannes-Evangeliums)

Die «Beschauung des Philosophen», die sich auf eine rein verstandesmäßige Spekulation über die göttliche Natur aus der Perspektive ihrer Offenbarung in den Wesen beschränkt, könnte deshalb auch mit einer Feuerwerk-Rakete verglichen werden, die zwar himmelwärts fliegt, jedoch niemals «explodiert». Der Glanz der Rakete zeigt sich erst, wenn sie «zerspringt», d. h., wenn sie «stirbt». So liegt die Schönheit des inneren Gebets und der mystischen Schau in der völligen Selbsthingabe der Seele, die sich ganz dem Lob des Herrn weiht und sich hier gänzlich verzehrt, um für das alles überstrahlende Gut-Sein des unendlichen Gottes Zeugnis abzulegen.

Der Rest ist Schweigen.

Wir wollen nicht übersehen, daß das fruchtbringende Schweigen, in dem die Worte ihre Gewalt verlieren und die Begriffe sich unserem Zugriff entziehen, vielleicht die Vollendung der Meditation bedeutet. Wir sollten uns auf keinen Fall ängstigen oder beunruhigen, wenn wir bemerken, daß es uns kaum gelingen will, den «Akt» der Meditation zu «setzen». Dann täten wir besser daran, uns zu freuen und in der hellen Dunkelheit des Glaubens zu verharren. Dieses stille Ausruhen ist eine höhere Stufe des Betens.

2. Die Meditation in der Heiligen Schrift

Die Heilige Schrift sagt, daß Isaak am Abend aufs Feld hinausgegangen war, «um mit seinen Gedanken allein zu sein» (Gen 24,63). Worüber dachte er nach? Die Erzväter lebten in einer großen Gottesnähe. Es waren Männer, mit denen Gott vertrauten Umgang pflegte. Noah, Abraham, Isaak und Jakob wußten sich in Gottes unmittelbarer Nähe. Wenn die Juden den Gott Abrahams, Isaaks und Jakobs anriefen, flehten sie zu dem, den ihre Väter «kannten», zu jenem, der ihnen durch die Worte der Väter das Heil verheißen hatte. Obwohl nach der Schrift die ersten Menschen aus dem Paradies vertrieben worden waren, gab es doch noch einige wenige Auserwählte, denen etwas von dem vertrauten Verhältnis zu Gott verblieben war, das in jenen vergangenen Zeiten bestanden hatte, als Adam und Eva Seine Stimme vernahmen, da Er am frühen Abend durch den Garten Eden wandelte. Einer der Gründe, warum Mose auf dem Berg Sinai das Gesetz erhielt, beruhte auf der Tatsache, daß das auserwählte Volk sich fürchtete, unmittelbar mit Gott zu reden oder von Ihm angeredet zu werden. «Als aber das ganze Volk die Donnerschläge und die flammenden Blitze, den Posaunenschall und den rauchenden Berg wahrnahm, da zitterten sie und blieben in der Ferne stehen und sagten zu Mose: «Rede du mit uns, dann wollen wir zuhören; Gott aber möge nicht mit uns reden, sonst müssen wir sterben.» (Ex 20,18f) Das Nachdenken über das Gesetz des Herrn war nun zu einem gültigen Ersatz für den innigen Umgang mit Gott geworden, der den Patriarchen Licht und Freude bedeutet hatte. Dies konnte jedoch nur geschehen, wenn das Nachsinnen über die Satzungen Gottes zu einer geistigen und willensmäßigen Vereinigung mit dem Geist und dem Willen des Herrn führte und wenn das Nachdenken in einem heiligen, übernatürlichen Austausch mit Gott gipfelte, den kindlich-liebende Furcht heiligte und Ehrfurcht, Gehorsam und die Liebe der Selbsthingabe eine besondere Weihe verliehen. Der Lohn für eine solche Versenkung war das Licht übernatürlicher Erkenntnis, eine Weisheit, die den Sinn der göttlichen Weisungen ergründet. Das Nachdenken über das Gesetz sah seine innere Sinngebung darin, daß die Menschen seine Vorschriften nicht nur äußerlich erfüllten, sondern ihr Anliegen begriffen und sie in den größeren Zusammenhang mit Gott und Seinem Planen für die Menschen einbezogen. Ein derartiges Erkennen konfrontierte den Menschen mit der Unmittelbarkeit von Gottes Macht und Barmherzigkeit, die sich in den an das heilige Volk ergangenen Verheißungen und in der göttlichen Sorge für die Auserwählten verkörperten. Die Früchte eines solchen Eindringens in die Satzungen des Herrn waren eine unerschütterliche moralische Kraft und ein übernatürlicher Mut. «Nun sei ganz mutig und stark, um die Weisung, die mein Knecht Mose dir anbefohlen hat, zu beachten und zu erfüllen. Weiche hievon nicht ab, weder nach rechts noch nach links, damit du überall, wohin du gehst, Erfolg hast. Nie fehle dieses Gesetzbuch bei deinen Reden. Lies Tag und Nacht aufmerksam darin, damit du darauf achtest, so zu handeln, wie in ihm geschrieben steht. Dann gelingen dir deine Unternehmungen, und du wirst erfolgreich sein.» (Jos 1,7f) Dieses Nachsinnen, wie es uns von der Schrift gezeigt wird, muß das eigene wie das öffentliche Lesen der Satzungen begleiten. Unbestreitbar bergen ihre Worte einen tiefen Sinn, wenn sie in unserem Munde sind; doch vollendet sich dieser erst, wenn sie sich zugleich in unserem Leben erfüllen. Die Meditation des Gesetzes bedeutet deshalb nicht nur, darüber nachzusinnen oder es zu durchforschen, sondern es zu leben, indem man der Absichten Gottes, der uns Seinen Willen kund tut, völlig oder in hohem Maße innewird.

Was aber sind diese göttlichen Absichten? Wir werden sehen, daß das, was Gott für die Menschen «vorsieht», was in Seiner göttlichen Vorsehung verborgen ist, nicht nur im Gesetz Seiner Gerechtigkeit, sondern vornehmlich in der Verheißung Seines Erbarmens greifbar wird. Gottes Liebe zu den Menschen ist im wesentlichen schon in Seinen an Abraham ergangenen Verheißungen enthalten. «Der Gerechte lebt aus dem Glauben», also aus diesen Verheißungen.

Allenthalben singen die Psalmen von diesem «Nachsinnen» über die Weisungen Gottes. Was aber die Psalmisten weit über das Gesetz emporhebt, ja, was sie über sich selbst hinausgehen läßt, ist die Erfahrung der Barmherzigkeit Gottes, ist ihr Innewerden Seiner «Treue zu Seinen Verheißungen». Die Psalmen sinnen nicht nur der Makellosigkeit und Schönheit des Gesetzes Gottes und dem Glück eines von ihm bestimmten Lebens nach, sondern vor allem der erhabenen, alles übersteigenden Seligkeit, die als ein reines Geschenk des göttlichen Erbarmens den Armen, den Hilflosen zuteil wird, jenen Menschen, denen die menschliche Hoffnung und die Chance, jemand zu sein, versagt bleiben, die Gott aber mit besonderer Innigkeit und Barmherzigkeit umgibt und liebt. Das von Liebe getragene Nachsinnen über die Psalmen gewährt Zutritt zum großen Geheimnis der göttlichen Erbarmung.

So sieht sich der Psalmist nicht selten über jene Ebene hinausgehoben, wo Gott nur auf Grund eines sichtbaren Zeichens Seines Willens zu finden ist. Häufig lassen uns die Psalmisten in ihren Gesängen Gott ganz unmittelbar erfahren, jenen erbarmenden Gott, der den Bedrängten Gerechtigkeit, Seinem Volk Gnade und Rettung verheißen hat. Die Psalmen besingen einen Grad des Nachdenkens, da dem Menschen eine existentielle Erfahrung von Gottes immer währender Barmherzigkeit zuteil wird. Dann bricht der Psalmist in einen ekstatischen Lobgesang aus; denn der göttlichen Barmherzigkeit inne zu werden, bedeutet zu erfahren, daß Er die transzendente Wirklichkeit, die Wirklichkeit aller Wirklichkeiten ist, und daß Er, der der Gott aller Götter ist, alle jene liebt, denen Er Seine Liebe und ihre Errettung offenbart hat.

«Die Gnaden des Herrn will ich in Ewigkeit rühmen, durch alle Geschlechter mit meinem Mund seine Treue verkünden. Du hast gesagt: Für immer ist meine Gnade fest, hast deiner Treue Grund in den Himmel gelegt.» (Ps 89,1–3) Daraus erhellt, daß die Meditation der Weg zur vollkommenen Seligkeit ist; denn sie schenkt das Wissen um den lebendigen Gott. Durch sie wird uns die Erfahrung zuteil, wer Gott in Wahrheit ist.

Wohl dem, den man nicht bei den Heillosen trifft,
der nicht mittreibt, was die Sünder betreiben,
der nicht da sitzt, wo die Lästerer sitzen,
sondern sich freut an den Weisungen des HERRN;
er prägt sie sich beständig ein!

So einer ist wie ein Baum,
den man am Wasser gepflanzt hat,
der Frucht gibt, wenn es Zeit ist,
und dessen Blätter nicht welken;
was er auch tut, das gerät ihm.

Nicht so geht es denen, die ohne Gott leben.
Wie Spreu verweht sie der Wind.
Sie können sich nicht halten,
die Frevler nicht, wenn das Gericht kommt,
die Sünder nicht bei den Gerechten.

Denn Gott nimmt sich der Gerechten an.
Der Weg aber der Frevler verliert sich. (Ps 1)

Die Mönche versenken sich in die Psalmen, wenn sie sie singen. Benedikt bestimmt jedoch in seiner Regel einen gewissen Augenblick im Tagesprogramm seiner Klöster, wo die Mönche die Meditation der Psalmen auch außerhalb des Chorgebetes fortsetzen sollen. Eine solche Meditation kann mehrere Stufen haben: Für den Anfänger besteht sie darin, die Psalmen schlechthin auswendig zu lernen, während die Fortgeschrittenen mit den Gaben des Verstandes in den Sinn der Psalmen eindringen.

Bei der Beschäftigung mit den Psalmen geht es jedoch nicht nur darum, ihre Bedeutung mit Hilfe von Kommentaren zu erfassen. Hier geht es vielmehr vor allem darum, den inneren Kern der Psalmen auf dem Grund des Herzens zu «schmecken», ihn ganz in sich aufzunehmen, indem man ihre Worte langsam, unter Nachsinnen und Beten in der tiefsten Mitte des Seins nachspricht, so daß sie persönlichster Besitz werden und unmittelbar in das Fühlen und Denken eingehen. So «gestalten» sie Geist und Herz des Mönches nach dem Vorbild von Christi Geist und Herz. Auch der reife Mönch fährt ohne Unterlaß mit der Meditation der Psalmen fort, als wäre er noch ein einfacher Anfänger.

Der beschauliche Mensch bewahrt und bewegt diese heiligen Worte gleich Maria in seinem Herzen, so daß er das tiefe Erleben der Psalmisten neu vollzieht, vom Finger Gottes angerührt, zur Beschauung gelangt und sich mit heiligem Eifer in das Mysterium Christi versenkt, das das ganze Alte Testament gleich der lichten Wolke auf dem Berg Tabor überschattet. Christus ist überall in den Psalmen, im Gesetz und in den Propheten verborgen. Ihn dort zu finden, bedeutet, ihre vollkommene Erfüllung zu erfahren; denn wir finden Ihn, der das Leben und den Sinn der Psalmen darstellt, Ihn, der in uns lebt.

Jesus schenkte Seinen Jüngern die Eucharistie. Diese unerhörte Gabe, die die ganze göttliche Weisheit geheimnisvoll in sich birgt, vollendet und überragt alle großen Heilstaten Gottes. Durch dieses Sakrament werden wir innig mit Ihm vereinigt, und wir lobpreisen den, der «Sein Volk heimgesucht» hat. Das Geheimnis der erbarmenden Liebe Gottes offenbart sich in dem von der Lanze durchbohrten Herzen Christi, dem «magnum pietatis sacramentum».

In gewisser Hinsicht ist die Betrachtung dieses Geheimnisses wesentlich für das innere Verständnis der eucharistischen Feier, denn Jesus hat gesagt: «Tut dies zu meinem Gedächtnis.» Die Messe feiert das Gedächtnis des Opfers Christi, allerdings nicht im Sinn einer äußerlichen Gedenkfeier, sondern als eine lebendige und höchst wirksame Vergegenwärtigung dieses Opfers, das die erlösende

Kraft des Kreuzes in der Gnade der Auferstehung in unsere Herzen überströmen läßt, in der Gnade, die uns die Fähigkeit verleiht, in Gott zu sein. Unsere Teilnahme an der eucharistischen Feier und unser Eindringen in das Geheimnis Christi mit brennendem Herzen nehmen in unserem Leben jenen Platz ein, der im Leben der alttestamentlichen Heiligen dem «Nachsinnen über das Gesetz» gehörte.

Aber wie das Neue das Alte Testament nicht verdrängt, so hören auch wir nicht auf, uns in das Gesetz des Herrn zu versenken. Doch unsere Meditation wird nun von der «Memoria Christi» gespeist, – von jenem Bewußtsein, jenem Innewerden, jenem Erfahren des Herrn Jesus Christus, der, im Alten Testament verborgen, dessen Erfüllung geworden ist.

Für Paulus bedeutete die Meditation unser Sein in Christus, das von persönlicher Liebe erleuchtete Eindringen in den Sinn der Heiligen Schrift, das Innewerden unseres Angenommen-Seins durch Gott und der Lobpreis Seiner Herrlichkeit.

Wir wollen uns in die Schrift versenken, die, wie Paulus gesagt hat, geschrieben wurde, uns mit dem Wissen um Gottes Verheißungen und mit der Hoffnung auf Erfüllung lebendig und innig vertraut zu machen. «Alles nämlich, was dereinst geschrieben wurde, ist zu unserer Belehrung geschrieben, damit wir durch die Geduld und den Trost der Schrift die Hoffnung haben.» (Röm 15,4) Wenn wir an das, was uns in unserem Herzen bewegt, glauben, werden wir versiegelt, umgewandelt, geheiligt: «mit dem Heiligen Geist der Verheißung gezeichnet». Und was vollzieht sich dann an uns? Paulus drückt das in seinen Segenswünschen an die Epheser so aus: «Der Gott unseres Herrn Jesus Christus, der Vater der Herrlichkeit, verleihe euch den Geist der Weisheit und der Offenbarung in seiner Erkenntnis. Die Augen eures Herzens seien erleuchtet, damit ihr wißt, welches die Hoffnung seiner Berufung ist, welches der Reichtum seiner herrlichen Erbschaft unter den Heiligen und welches die überragende Größe seiner Macht ist, die sich an uns, die wir glauben, tätig erweist in seiner Kraft und Stärke.» (Eph 1,17–19)

3. Die Meditation als Weg und Vereinigung

Im Grunde sind alle Vergleiche in etwa unzulänglich. Unser Bild von der Feuerwerk-Rakete mag auf einen Leser mit einer lebhaften Phantasie irreführend gewirkt haben. Die Meditation braucht nämlich keineswegs farben- oder effektreich zu sein. Die Wirkungskraft unseres betrachtenden Gebets kann nicht an der Helligkeit und der Farbenpracht des Feuerwerks gemessen werden, das am Himmel unseres Innern abbrennt, wenn wir beten. Im Gegenteil! Obwohl eine glühende, spürbare, aus einem lebhaften Innewerden der Wahrheit aufquellende Liebe zuweilen die Frucht einer guten Meditation sein kann, sollten wir den Tröstungen des Gebets nicht leichtfertig trauen und sie nicht um ihrer selbst willen suchen. Wir sollten von Herzen dankbar sein, wenn uns das Gebet wirklich eine klarere Erkenntnis und eine größere Bereitschaft zur Nächstenliebe schenkt. Eine Belebung unserer Frömmigkeitsgefühle sollten wir auf keinen Fall als zweitrangig abtun, wenn sie uns die Kraft verleihen, das, was uns aufgegeben ist, mit größerer Demut, Treue und Tapferkeit zu tun.

Da jedoch die Früchte des inneren Gebets in der Tiefe der Seele, im Bereich des Verstandes und des Willens und nicht auf der Ebene der Gefühle oder triebhafter Reaktionen geerntet werden, ist es zweifellos möglich, daß eine anscheinend «kalte», d.h., gefühlsarme Meditation ihren inneren Wert und ihren praktischen Nutzen durchaus nicht einbüßt. Sie vermag uns Quellen neuer Kraft zu erschließen und unser Seelenleben zu vergeistigen, indem sie es dem Bereich der Sinne entzieht und uns lehrt, uns von der Vernunft und den Grundsätzen des Glaubens leiten zu lassen.

Zuweilen kann eine an sich gute Meditation das Opfer von Gefühlen werden. Die Wirkung der Gnade vermag sich nicht zu entfalten, der Wille bleibt träge, wenn die Gefühlsbetontheit das neue, keimende Leben eines Gedankenansatzes zur Unfruchtbarkeit verurteilt.

Nicht selten erschwert oder vereitelt Unkenntnis die organische Entwicklung des inneren Gebets. Diejenigen, welche meinen, daß ihre Meditation unbedingt einem emotionellen Höhepunkt zutreiben muß, begehen einen der beiden Fehler, von denen hier die Rede sein soll. Entweder merken sie, daß ihre Gefühle austrocknen und ihr Beten «ohne Frucht» zu bleiben scheint. Deshalb glauben sie, daraus schließen zu können, daß sie ihre Zeit verschwenden; sie geben ihre Anstrengungen auf und befriedigen ihre Sensationslust auf andere Weise.

Oder – und hier sprechen wir vom zweiten Fehler – sie gehören zur Kategorie jener, deren Gefühle unerschöpflich sind. Sie besitzen die Fähigkeit, nahezu jederzeit unter Tränen zu beten. Fortwährend bringen sie es mit wenig Aufwand an Konzentration und einer leichten Anstrengung fertig, die von ihnen gewünschten Gefühle religiöser Glut zu erzeugen. Doch hier handelt es sich um eine gefährliche Art des Erfolgs. Eine emotionelle Vielseitigkeit bedeutet zu Beginn eines bewußten geistlichen Lebens sicherlich eine Hilfe. Doch später kann sich daraus ein Hindernis für seine organische Entfaltung ergeben. Am Anfang, da unsere Sinne noch leicht von der Freude an den geschaffenen Dingen angesprochen werden, halten uns die Gefühle davon ab, uns Gott ganz zuzuwenden, da sie im Gebetsleben keine spürbare Befriedigung finden. So muß unsere Empfänglichkeit für das geistliche Leben bei den einfachen irdischen Dingen, bei den Sinnen und den Gefühlen ansetzen. Wenn aber spürbare Freuden und innere Tröstungen das Ziel unseres Betens bleiben, laufen wir Gefahr, an einer Stelle stehenzubleiben, die keinesfalls unser Bestimmungsort sein kann.

Es besteht immer die Gefahr eines Pseudoerleuchtet-Seins und eines falschen Mystizismus, wenn diejenigen, welche dem Einfluß der Phantasie und der Gefühle leicht unterliegen, die von ihnen im Gebet erfahrenen sentimentalen Strömungen zu ernst nehmen und meinen, daß die Stimme ihrer schwärmerischen Gefühle wirklich die Stimme Gottes sei.

Die für die Meditation geeignete Atmosphäre sollte Stille, inneren Frieden und seelisches Gleichgewicht aufweisen. Der Geist sollte in der Lage sein, sich einer einfachen, ruhigen Versenkung hinzugeben. Vom Verstand wird nicht erwartet, daß er glänzt. Der Wille sollte so beschaffen sein, daß er auf das Gute hingelenkt und in seinem Trachten nach der Vereinigung mit Gott bestärkt wird. Verzückungen der Liebesglut sind für ihn überflüssig. Eine gute Meditation kann sehr wohl «dürr», «kalt» und «dunkel» sein. Unfreiwillige Ablenkungen können sogar recht störend auf sie wirken. Johannes vom Kreuz sagt an einer Stelle, daß die besten Früchte auf kaltem und trockenem Boden wachsen. Und doch erfüllt diese Dürre in der Meditation die Seele mit Demut, Ruhe, Tapferkeit und dem Willen, auszuharren und sich jederzeit darum zu bemühen, aus den Hindernissen neue Anlässe zur Entfaltung des geistlichen Lebens zu machen. Vielleicht ist unsere Meditation für gewöhnlich ziemlich prosaisch und auch ein wenig blaß. Das spielt jedoch keine wesentliche Rolle, wenn es uns mit ihrer Hilfe gelingt, eine unmittelbare Verbindung zwischen den Tiefen des Verstandes und des Willens einerseits sowie den göttlichen Dingen andererseits herzustellen, ganz gleich, wie dunkel unser geistlicher Ausblick gegenwärtig auch sein mag.

Eine gute Meditation muß uns nicht unbedingt ein völlig klares Bild der geistlichen Wahrheit, nach der wir trachten, vermitteln. Im Gegenteil! Wenn sich unser geistliches Leben weiter entfaltet, neigt unser Erkennen der göttlichen Dinge beim inneren Gebet zu einer immer merklicheren Unbestimmtheit, weil unser Geist in Berührung mit Geheimnissen kommt, die menschliches Begreifen weit übersteigen. Notwendigerweise ist es dem menschlichen Geist hier auf Erden versagt, der göttlichen Dinge, wie sie an sich und in Wahrheit sind, in eindeutiger und menschlich zugänglicher Form innezuwerden. Die Anschauung der göttlichen Dinge erfährt der Mensch in der Dunkelheit des reinen Glaubens, in einer Gewißheit, die nicht schwankt, obwohl sie nicht auf die Hilfe eines klaren menschlichen Beweises zurückgreifen kann.

Dies wird uns nur begreiflich, wenn wir uns eine wesentliche Wahrheit immer wieder vor Augen halten, nämlich, daß nicht das «logische Denken», sondern der «Glaube» den wahren Urgrund für eine echte Meditation bildet. Wir brauchen nicht zu befürchten, eine irrige Meinung zu vertreten, wenn wir sagen: Die Qualität unserer Meditation entspricht der Qualität unseres Glaubens. Deshalb besteht das Ziel, das wir bei unserer Meditation im Auge behalten sollten, nicht so sehr in einem verstandesmäßigen Eindringen in die göttliche Wahrheit, sondern vielmehr in einem entschlossenen Festhalten am Glauben, der uns die Fähigkeit verleiht, diese Wahrheiten mit unserem ganzen Sein anzunehmen, uns zu eigen zu machen. Damit soll nicht gesagt werden, daß der Verstand aus dem inneren Gebet auszuklammern und durch eine Art pietistischen Obskurantismus zu ersetzen sei. Schließlich ist ja doch der Glaube ein Verstandes- und Willensakt, wobei das Licht der göttlichen Gnade Verstand und Willen in den übernatürlichen Bereich hineinnimmt. Ein jeder, der die Meditation übt, sollte sich der Tragweite des Wortes von Anselm von Canterbury bewußt sein: «Credo ut intelligam.» («Ich glaube, damit ich verstehe.») Nur der vollkommene Glaube kann unserem Gebetsleben die wahre geistliche Erleuchtung schenken. Um uns im Glauben zu üben, müssen wir uns auf bestimmte Worte unseres Herrn Jesus Christus im Evangelium oder auch auf andere Stellen der göttlich inspirierten Heiligen Schrift konzentrieren und unsere Gläubigkeit in der Überzeugung festigen, daß dies wahrhaftig Worte des Heils sind, der verborgene Schatz im Acker, für den wir alles andere verkaufen, jede andere Wahrheit fahren lassen müssen, um zu Gott zu gelangen. Wir sollten diese «Heilsworte» tief in unser Herz hineinnehmen und vollen Besitz von ihnen ergreifen. Gerade dann, wenn unser Beten mit Dürre geschlagen ist, können wir unseren Glauben auf diese Weise am fruchtbarsten üben. Wir dürfen nicht übersehen, daß der Glaube zuweilen harte Kämpfe und viel Mühsal von uns fordert, vor allem dann, wenn es ein aufrichtiger, ehrlicher Glaube ist. Zweifellos müssen wir mit großen Schwierigkeiten und einer Reihe von Ungewißheiten rechnen, denen wir mit innerer Klarheit und Sauberkeit begegnen sollten. Der Glaube bedeutet ein Wagnis, eine Herausforderung. Er ist am reinsten, wenn wir für ihn den Preis der Mühsal und des geistlichen Opfers zu zahlen haben. Auch in der Meditation selbst dürfen also Opfer und Mühen nicht fehlen, wenn sie Früchte tragen soll.

Wenn unsere geistliche Erkenntnis Gottes und des zu Ihm führenden Weges anfängt, ihre scharfen Umrisse in der «Wolke des Nicht-Wissens», zu verlieren, sollte das Ziel, auf das wir zustreben – das Eins-Werden mit Gott –, doch in keiner Weise seine Klarheit einbüßen. Das innere Gebet braucht uns den Gott, den wir suchen, nicht sichtbar zu machen. Doch sollte es uns in unserem Entschluß bestärken, nach Ihm allein und nach keinem anderen zu verlangen. Vielleicht zeigt es uns den Weg, auf dem wir zu Ihm zu gelangen hoffen, nicht immer in voller Klarheit. Aber es sollte in uns die Überzeugung wachsen lassen, daß nichts sich so lohnt zu suchen und zu finden. Obwohl das Ziel unseres Gebets in Dunkelheit gehüllt ist, bringt uns die Meditation immer deutlicher zum Bewußtsein, daß all unser Streben sich allein auf dieses Ziel richtet. Während wir im betrachtenden Gebet fortschreiten, werden Gott und der zu Ihm führende Weg immer «begreifbarer».

Fachleute auf dem Gebiet des kontemplativen Gebets betonen des öfteren, daß besondere Tugenden und andere unmittelbar greifbare Ergebnisse zu den Früchten der Meditation gehören sollten. In der Tat verfolgt die Betrachtung einen praktischen Zweck; denn sie soll unser Handeln erleuchten und es in der Vereinigung mit Gott zu seiner wahren Reife führen.

Wir können die Meditation daher in ihrer Hinordnung auf zwei Ziele, von denen das eine in das andere übergeht, betrachten. Das tiefere Verständnis einer bestimmten Wahrheit, der Entschluß, unserem Handeln eine besondere Richtung zu geben, die Lösung eines geistlichen Problems: alles, was uns vorbereitet, eine besondere, ganz bestimmte Gnade zu empfangen, bildet das unmittelbare, naheliegende Ziel unseres inneren Gebets. Hier ist das betrachtende Gebet ganz auf die helfende Gnade ausgerichtet, die für die praktische Erfüllung unserer alltäglichen Pflichten unentbehrlich ist.

Das letztliche, eigentliche Ziel jeglichen inneren Betens ist jedoch auf die Vereinigung mit Gott hingeordnet. Zwar richtet uns die Meditation auf einen unmittelbaren praktischen Zweck hier auf Erden aus, im Hinblick auf unsere zukünftige Vereinigung mit Gott im Himmel. Ich möchte jedoch in diesem Zusammenhang besonders betonen, daß jede Meditation, jeder Akt des inneren Gebets, auch wenn ein unmittelbarer praktischer Zweck vorliegt, uns auch zu einer unmittelbaren Begegnung mit Gott führen sollte. Sie ist im eigentlichen Sinn die wahre Frucht der Meditation. Jeder andere naheliegende praktische Zweck ist in gewisser Hinsicht nebensächlich und dem grundlegenden und ausschlaggebenden Ziel untergeordnet.

Ich möchte dies zum näheren Verständnis an einem Beispiel verdeutlichen: Angenommen, ich versenke mich in meiner Meditation in das geduldige Ausharren unseres Herrn Jesus Christus in Seiner Leidenszeit. Angenommen, ich tue dies im Hinblick auf einen greifbaren praktischen Zweck, nämlich, mich für schwierige Situationen, die ich zweifellos zu erwarten habe, zu rüsten. Mein inneres Schauen konzentriert sich also ganz auf den Erlöser, der ohne Zorn und ohne Bitterkeit, ohne Hader und Auflehnung, wortlos und innerlich völlig ruhig das schwerste Unrecht, den größten Undank auf sich nahm, ganz zu schweigen von den schrecklichen körperlichen und seelischen Leiden, die Er zu ertragen hatte. Ich erkenne dann, daß Er all das Leid mit ungetrübter, ungeteilter Barmherzigkeit gegenüber allen Menschen, auch gegenüber denen, die Ihn zu Tode brachten, anzunehmen vermochte.

Überdies wird mir bewußt, daß Er mir durch Sein Handeln und Verhalten ein Vorbild hinterlassen hat, das nicht nur aus der Ferne bewundert werden soll. Kraft der in der Taufe empfangenen Gnaden habe ich die Pflicht, diesem Beispiel zu folgen und in mir etwas von Seiner Geduld, von Seiner Sanftmut und Seiner Stille inmitten allen Leidens nachzubilden. Er selbst hat uns ja zugerufen: «Und wer nicht sein Kreuz trägt und mir nachfolgt, der kann mein Jünger nicht sein.» (Lk 14,27)

Auf Grund dieser Erwägungen trachte ich deshalb mit meiner ganzen Willenskraft danach, in den Zeiten der Prüfung – so weit ich dies vermag – die gleiche Geduld zu üben. Da mir die Unzulänglichkeiten und Unvollkommenheiten meines begrenzten Ichs bewußt sind, bitte ich inständig und demütig um die Gnade, ohne deren Beistand ich niemals hoffen kann, meine Ungeduld, Reizbarkeit, Aggressivität, Selbstgerechtigkeit und mein Bedürfnis, andere zu beurteilen und zu verurteilen, zu überwinden.

Eine solche Meditation ist unmittelbar auf ein naheliegendes praktisches Ziel gerichtet. Sie zielt auf die konkrete Übung der Geduld ab und ist ganz der Gnade zugewandt, die mir die Kraft zur Sanftmut verleihen soll. Sanftmut und Abwehr des Bösen ohne Gewaltanwendung erfordern ein Höchstmaß an Tapferkeit, einen Mut, den mir nur das Kreuz Christi schenken kann.

Handelt es sich um eine gute Meditation, dann sind vermehrte Geduld und Tapferkeit ihr Ergebnis. Mit Hilfe meiner Geduld vermag ich somit die mir auferlegten Prüfungen so zu ertragen, daß meine Seele sich von vielen Unvollkommenheiten und Hindernissen, die der Gnade im Wege stehen, losschälen kann. Es gelingt mir, den wahren Grund meines Zorns aufzuspüren. So nehme ich an Liebe zu. Und da die Liebe die Quelle übernatürlicher Verdienste ist, wird mir ein höheres Maß der Vereinigung mit Gott im Himmel zuteil werden.

Hier auf Erden werden Liebe und Tugend in mir wachsen. Doch ist es nicht das, was wir als letztliches Ziel der Meditation ansehen. Ihr eigentlicher Zweck sollte in einer innigeren Vereinigung mit Gott gesucht werden, die sich jedoch nicht erst in der Zukunft verwirklicht, sondern «hier und jetzt».

Um darum zu einer wahrhaft tiefen und reifen Meditation des Leidens Christi zu gelangen, muß ich Christus in Seiner Passion «geistlich gleichförmig» werden. Das erinnert daran, was bereits früher über die Vereinigung mit Christus in der Eucharistiefeier und ganz besonders bei der Kommunion gesagt worden ist. Ein Wort von Papst

Pius XII. über die Liturgie könnte ebensogut für die christliche Meditation geltend gemacht werden: Es ist ihre Aufgabe, «das Abbild des Erlösers durch das Geheimnis des Kreuzes unseren Herzen aufzuprägen».

Das soll nun nicht bedeuten, daß wir unsere Meditation einzig und allein auf die Passion des Herrn zu beschränken hätten! Da aber alle Gnaden aus der durchbohrten Seite des Gekreuzigten herausströmen, ist das Leiden Christi in der Tat die verdienstliche und wirksame Grundlage für unsere Vereinigung mit Gott und für unsere übernatürliche Umwandlung. Das geht sehr klar aus dem zweiten Kapitel im Brief des Paulus an die Epheser hervor, wo gesagt wird, daß Christus am Kreuz den Frieden unter den Menschen und zwischen der Menschheit und Gott neu gestiftet hat. Christus hat in der Tat all unsere Feindschaft auf sich genommen «und sie in seinem Fleisch am Kreuz getötet», so daß Er unser «Friede» geworden ist. «Und in Ihm haben wir alle Zutritt in dem einen Geist zum Vater.» (Eph 2,11–22) Ganz eindeutig bilden Christi Kreuz und Auferstehung die eigentliche Mitte der christlichen Mystik.

Auf Grund dieser bedeutenden theologischen Wahrheit ist es überflüssig, uns des Näheren zu fragen, worin die «Vereinigung» oder die «Gleichförmigkeit» mit Jesus Christus im inneren Gebet bestehen muß.

Bei diesem «Zutritt zum Vater» geht es nicht um eine bloße psychologische Angleichung oder ein emotionelles Mitempfinden, mit deren Hilfe wir uns vormachen und einreden, daß wir die gleiche Gesinnung wie der Erlöser am Kreuz besitzen. Überdies handelt es sich hier auch nicht um den moralischen Aspekt dieser Vereinigung, durch den wir bewogen werden, geistig und willensmäßig Jesu ethische Haltung in uns nachzubilden. Unsere Gleichförmigkeit mit Christus ist geistlicher Art. Damit meine ich einen «Zutritt» oder eine «Gleichförmigkeit» auf der Ebene der Gnade oder der Liebe. Vor allem das Gebet, das Empfangen der Sakramente sowie der Gebrauch der Sakramentalien machen uns der Gnade teilhaftig. Wenn hier von Sakramentalien die Rede ist, wird an die Verinnerlichung des Sakramentenempfangs durch die Meditation oder durch solche Sakramentalien wie Bibel, Kreuzweg oder Rosenkranz gedacht.

Die Gnade ist die Grundlage des geistlichen und übernatürlichen Lebens. Sie macht uns zu Söhnen Gottes, d. h., sie verleiht uns die Kraft, durch die Teilhabe am göttlichen Leben in das geistliche Leben vorzudringen. Wenn wir vom göttlichen Leben in unserer Seele sprechen, gebrauchen wir diesen Ausdruck keineswegs im übertragenen Sinn. Das Leben teilt sich in lebenswesentlichen Handlungen mit. Das Leben der übernatürlichen Gnade belebt nicht nur den gesamten Organismus des Mystischen Leibes Christi, sondern es verleiht einem jeden seiner lebenden Glieder auch die Fähigkeit zu reifem Handeln und das innere Ausgerichtet-Sein auf die Meditation; in beidem offenbart sich Gottes ganz besondere Gegenwart in der Seele des Menschen.

Das Leben der Gnade ist das Leben Christi, des wahren Sohnes Gottes. Auf Grund der Verdienste des Leidens Christi haben wir Anteil am Leben Gottes. Durch unsere mystische Teilhabe an Seinem Leiden und Tod werden wir als Söhne Gottes angenommen, da Christus Seiner Natur nach Gottes Sohn ist. Thomas von Aquin stellt fest, daß Jesus als «Haupt» des Mystischen Leibes die Macht hat, die Gnade in alle Glieder dieses Leibes strömen zu lassen. Und hier handelt es sich nicht nur um die private Meinung eines einzelnen Theologen. Die Kirche lehrt uns, daß Jesus in der Tat die lebendigen Wasser der Gnade beständig in die Seelen all derer fließen läßt, die mit Ihm vereint sind.

Diese kurze, auf das wesentliche abgestimmte Darstellung hatte die Absicht, einem jeden bewußt zu machen, auf welcher Grundlage allein eine Gleichförmigkeit mit Christus im kontemplativen Gebet aufgebaut werden muß. Wir fassen noch einmal zusammen, um das Wesentliche ganz klar herauszustellen: Alle Glieder des Mystischen Leibes Christi haben unbestritten in ihrem eigenen Leben Anteil am göttlichen Leben Christi. Um den Sinn ganz weit zu umgreifen: Sie sind Ihm «mystisch» gleichförmig. Diese Gleichförmigkeit wird durch den Empfang der Taufe sowie durch die von der vollkommenen Liebe belebten Akte des Glaubens und der Reue bewirkt. Sie ist Wirklichkeit und bildet in der Tat unser übernatürliches Leben. Wir sind uns dessen jedoch nicht bewußt. Die Gleichförmigkeit, die wir mittels des inneren Gebetes zu erreichen suchen, ist deshalb eine bewußte Verwirklichung der Vereinigung, die in Wahrheit bereits durch die Gnade zwischen unserer Seele und Gott hergestellt ist.

Dies ist das Mysterium des kontemplativen Gebets, wie es auch das Geheimnis des Schauens ist. Wenn unser inneres Gebet nicht dazu beiträgt, das Bewußtsein unserer Vereinigung mit Gott, unserer völligen Verwiesenheit auf Ihn bei all unseren Akten des geistlichen Lebens und das Innewerden Seiner ständig liebenden Gegenwart auf dem Grund der Seele mit Leben zu erfüllen, dann erreicht es seine eigentliche Verwirklichung nicht, auf die es hingeordnet ist.

Beschauliche Menschen werden im allgemeinen von der Gegenwart Gottes auf ihrem Seelengrund oder von einer andersartigen Wahrnehmung der göttlichen Nähe zu ihrem Innersten besonders angezogen. Obwohl diese Gnade zu den normalen Gaben des geistlichen Lebens gehört, werden doch nicht alle ihrer teilhaftig. Doch sollten auch diejenigen, denen dieses besondere Wahrnehmen versagt ist, erkennen, daß die Aufgabe ihres inneren Gebets darin besteht, sie in der einen oder anderen Form in eine ganz bewußte Beziehung zu Gott zu bringen, der die Quelle ihres natürlichen und übernatürlichen Lebens sowie die Grundlage all des Guten ist, dessen sie teilhaftig sind.

4. Wie meditieren wir?

Eigentlich ist es sehr einfach zu meditieren. Es bedarf keiner besonderen «technischen» Anleitungen, die uns sagen, wie wir dabei vorzugehen haben. Das soll jedoch nicht heißen, daß wir das innere Gebet ohne eine strenge und ständige innere Zucht üben können. Insbesondere gilt das für unsere heutige Zeit, in der eine geistige und moralische Laschheit materialistischer Färbung die innere Kraft und das feste Gefüge der menschlichen Natur aufweicht. Trotzdem verlangt die Notwendigkeit einer inneren Zucht nicht von allen Menschen, sich an ein einziges für alle gültiges, strenges System zu halten. Strenge und Härte sprechen nicht die gleiche Sprache. Wie ein gut trainierter Körper ist der Geist, der innere Zucht nicht verabscheut, biegsam, geschmeidig und anpassungsfähig. Ein spröder, unfreier Geist ist zu einer organischen Entfaltung des Gebetslebens unfähig. Zunächst mag eine übertriebene Strenge zu einigen scheinbaren Erfolgen führen. Doch mit der Zeit tritt eine Lähmung des geistlichen Lebens auf.

Es bestehen jedoch einige allgemein verbindliche Erfordernisse für ein gesundes inneres Gebet, die wir nicht übersehen dürfen.

a) Die innere Sammlung

Um meditieren zu können, muß mein Geist alles loslassen, was mich daran hindert, mich dem in meinem Herzen gegenwärtigen Gott ganz hinzugeben. Dies ist jedoch nur möglich, wenn ich meine Sinne erziehe. Es ist zwecklos, daß ich versuche, mich erst im Augenblick des Gebets zu sammeln, wenn ich meiner Phantasie und meinen Sinnen gestattet habe, sich den ganzen übrigen Tag wild umherzutummeln. Deshalb setzt das Verlangen nach Betrachtung das Bemühen voraus, den ganzen Tag über ein gewisses Maß an Sammlung zu bewahren. Das bedeutet ein Verharren in einer Gesinnung der Gläubigkeit mit gelegentlichen Augenblicken betender und liebender Hinwendung zu Gott. Für jeden, dem die Sammlung ein ernsthaftes Anliegen ist, bietet die moderne Welt eine Fülle quälender Probleme.

Das Ergebnis eines echten Bemühens um die innere Sammlung drückt sich in dem festen Entschluß aus, sich ganz bewußt von allem abzuwenden, was für unser geistliches Leben überflüssig oder unnütz ist. Die moderne Welt bedrängt uns von allen Seiten mit einer auf Sinne, Gefühle und Begierden gerichteten Reizüberflutung: Presse, Rundfunk, Kino, Fernsehen, Reklame, Werbeschriften berieseln uns mit dem fortwährenden Anreiz, unser Geld und unsere Lebenskraft an nichtige, vergängliche Befriedigungen zu verschwenden. Je mehr wir kaufen, desto stärker werden wir zum Kaufen gedrängt. Je mehr Reklame gemacht wird, desto weniger bekommen wir dafür. Wir können aber auch sagen: Je intensiver die Reklame ist, desto mehr kaufen wir. Schließlich besteht die Welt nur noch aus dem von ihr selbst erzeugten Lärm; keine Befriedigung bleibt uns mehr: Nur noch eine vergebliche Hoffnung, eine nutzlose Erwartung, für die es keine Erfüllung gibt.

Diese Beispiele sollen verdeutlichen, daß vieles von dem, was wir lesen, hören oder sehen, in jeder Beziehung völlig unnützes Zeug ist. Ist uns wirklich an der Meditation gelegen, dann müssen wir uns gegen die nichtigen Reize, mit denen die moderne Gesellschaft nach unseren fünf Sinnen greift, wappnen. Das bedeutet, daß wir unsere Begierden zügeln müssen!

Hier ist nicht von außerordentlichen asketischen Übungen die Rede, sondern nur von einer gewissen Selbstbescheidung und Selbstverleugnung, die uns die Maßstäbe des Evangeliums und der Vernunft abverlangen. Im heutigen Amerika fordert eine solche Selbstbescheidung zweifellos eine heroische Haltung. Praktisch kann dies das Aufgeben eines großen Teils oder sogar der meisten Luxusgüter bedeuten, die wir für unbedingt nötig halten. Auf jeden Fall sollte sich dieser Verzicht bis zu dem Zeitpunkt erstrecken, da wir, im Besitz genügender Selbstbeherrschung, uns wieder ihrer zu bedienen wissen, ohne von ihnen versklavt zu werden.

b) Das Bewußtsein der Armut

Um mit aufrichtigem Ernst und einem konkreten Ergebnis zu meditieren, müssen wir uns mit einem ehrlichen Verlangen nach den Früchten der Betrachtung in das innere Gebet versenken. Die Anwendung geistiger Fähigkeiten in der Art, wie wir ein Naturphänomen beobachten oder ein wissenschaftliches Experiment durchführen, genügt im Fall des geistlichen Lebens nicht. Die Meditation läßt uns in einen Bereich eindringen, den wir nicht mehr zu überblicken vermögen und wo wir mit Wahrheiten konfrontiert werden, die unser natürliches Begreifen übersteigen und die doch zugleich das Geheimnis unserer Bestimmung bergen. Wir versuchen, immer tiefer in das Leben Gottes vorzustoßen. Aber Gott ist uns in einer unendlichen Ferne entzogen, obwohl Er auf dem Grund unserer Seele wohnt und der Urquell unseres Seins ist. Obgleich wir mit Hilfe des Gebets und guter Werke eine innige Vereinigung mit Ihm erlangen können, bleibt die Gnade doch immer Sein Geschenk an uns.

Wer um ein Almosen bittet, muß sich anders verhalten

als jemand, der etwas fordert, was ihm rechtmäßig zusteht. Eine Meditation, die nicht mehr als ein leidenschaftsloses Studium geistlicher Wahrheiten ist, weist keine Anzeichen dafür auf, daß wir den aufrichtigen Wunsch haben, der aus den Früchten des Gebets entstehenden Werte voll teilhaftig zu werden. In der Erkenntnis unserer geistlichen Armut, unserer völligen Ermangelung der Dinge, die wir suchen, und im Bewußtsein, daß wir vor dem unendlichen Gott nur ein armseliges Nichts sind, müssen wir uns in das innere Gebet begeben.

Der Verlorene Sohn im Gleichnis kann uns hier als Vorbild dienen. Nachdem er in einem fernen Land sein ganzes Vermögen vergeudet hatte, litt er solch bitteren Hunger, daß ihm sogar die Kräfte fehlten, sich einige der Schoten vom Johannesbrotbaum zu pflücken, die man den Schweinen, die er hütete, zum Fressen vorwarf. Aber er «ging in sich» und begann, über seinen Zustand nachzudenken. Er brauchte nicht lange dazu, sich über sich selbst klar zu werden. Was sich aus seiner «Einkehr» ergab, traf die ganze Realität seiner Lage, und so sagte er sich: Wie viele Tagelöhner meines Vaters haben Brot im Überfluß, ich aber sterbe hier vor Hunger! Ich will mich aufmachen und zu meinem Vater gehen und ihm sagen: Vater, ich habe gesündigt gegen den Himmel und vor dir; ich bin nicht mehr wert, dein Sohn zu heißen. Willst du mich wie einen von deinen Tagelöhnern halten? (Lk 15,11–32)

Die Kirchenväter sahen in dieser Parabel eine Aussage, die für uns alle Gültigkeit hat. Ein jeder von uns gleicht mehr oder weniger diesem Verlorenen Sohn, der sich, dem Hungertod nahe, in einem fernen Land, weit weg vom väterlichen Haus befindet. Das ist der allgemeine Zustand der Menschheit, die sich infolge ihres ungeordneten Verlangens nach den vergänglichen Dingen und ihres beständigen Hangs zur Selbstanbetung und zur Sünde von Gott und dem Paradies entfernt hat. Da dies unsere tatsächliche

Situation ist und unser inneres Gebet einen Schritt von der Zeit in die Ewigkeit aus der Welt zu Gott hin tut, ergibt sich daraus, daß unsere Meditation nur dann fruchtbringend ist, wenn wir uns in aller Stille unseres Ausgangspunktes bewußt werden.

Das gilt in der einen oder anderen Form für alle Stufen des geistlichen Lebens. Tatsächlich besitzen die Heiligen einen viel schärferen Blick für den Abgrund, der zwischen dem Menschen und Gott klafft, als diejenigen, die in den «Außenbezirken» der Sünde leben. Je weiter wir im geistlichen Leben fortschreiten, desto weniger wird es erforderlich, in uns das Gefühl der Gottesferne und der geistlichen Not zu wecken. Die von Gott nur schwach erleuchtete Seele besitzt lediglich ein begrenztes Bewußtsein ihrer Armseligkeit. Diese beschränkte Erkenntniskraft, die zu einer betrüblich falschen Grundhaltung führt, erscheint solchen Menschen als durchaus «harmlos».

Die zur Gewohnheit gewordene Selbstgefälligkeit ist nahezu immer das Anzeichen für einen Stillstand in der Entfaltung des geistlichen Lebens. Selbstgefällige Menschen haben kein Empfinden für ihre konkrete Bedürftigkeit und unbedingte Verwiesenheit auf Gott. Ihre Meditationen bewegen sich auf gepflegten Wegen; sie bestärken sie in ihrem So-Sein und führen im Grunde zu nichts. Ihr inneres Gebet gleitet schnell in eine Art Wachtraum, in Zerstreuung und nicht zuletzt sogar in einen unverhohlenen Schlaf ab. Da jedoch Anfechtungen und Prüfungen eine wahre Herausforderung für unser Gebetsleben darstellen, kann ihnen ihr segensreicher Einfluß nicht abgesprochen werden. Erst wenn wir spüren, in welchem Maß wir unseres Gottes bedürfen, sind wir zu einer echten Meditation fähig.

c) Voraussetzungen für die Meditation

Der Mensch, der bereits über einige Erfahrungen im geistlichen Leben verfügt, hat im allgemeinen überall und zu jeder Zeit – ganz unabhängig von den Umständen – Zugang zu einer der vielen Formen des inneren Gebets. Doch ist es sowohl für Anfänger wie für Fortgeschrittene erforderlich, eine gewisse Zeit des Tages der regelmäßig gepflegten Meditationsübung zu widmen. Praktisch bedeutet dies, daß dafür Sorge getragen wird, einen für das innere Gebet geeigneten Zeitpunkt und Ort auszuwählen sowie alle nur erdenklichen Ursachen und Anlässe, die die Meditation verhindern könnten, aus dem Wege zu räumen. Es braucht wohl kaum erwähnt zu werden, daß wir am besten in Stille und Zurückgezogenheit – in einer Kapelle, einem Garten, einem Zimmer, einem Kreuzgang, einem Wald oder einer Klosterzelle – zu meditieren vermögen.

In Ordensgemeinschaften ist der Zeitpunkt für die Meditation im allgemeinen festgelegt. Dort beschränkt sie sich häufig auf das geisttötende, langweilige Vorlesen frommer Bücher mit ihren «puncta meditationis», von Augenblicken der Stille und zerstreuten Ansätzen gemeinschaftlichen Nachdenkens unterbrochen. Wenn eine solche Methode zweifellos auch reichlich deprimierend wirkt, so enthält sie doch gleichzeitig nichts, was einer fruchtbringenden Meditation im Grunde dann nur im Wege stehen könnte. Gerade die Oberflächlichkeit solcher «puncta» kann sich gut dazu eignen, in uns ganz spürbar das Bewußtsein unserer Bedürftigkeit zu wecken und uns nahezubringen, den lebendigen Gott mit demütigen und zitterndem Herzen zu suchen.

Die Schwierigkeit besteht jedoch darin, daß die menschliche Natur unter dem Druck eingefahrener, wenig ansprechender Gewohnheiten leicht das Opfer von Depressionen wird. Eine solche Trostlosigkeit führt zu innerer Auflehnung, die wahrlich nicht die besten Voraussetzungen für eine gute Meditation erzeugt. Es gibt jedoch Menschen von großer Demut und innerer Bereitschaft, die sich still sammeln, den «puncta» lauschen und mit tiefer Dankbarkeit die in ihnen eventuell enthaltenen leisen göttlichen Hinweise annehmen. Solche Menschen sind trotz der anscheinenden Mittelmäßigkeit ihrer Umgebung zu Fortschritten in ihrem geistlichen Leben fähig.

Und doch hemmt ein passives Hinnehmen der Mittelmäßigkeit die organische Entfaltung des Gebetslebens erheblich. Die Hauptschwierigkeit einer solchen «vorgekauten» Meditationsweise, die einer ganzen Gemeinschaft Tag für Tag aufgezwungen wird, besteht darin, daß dadurch das Meditieren ganz allgemein in völligen Verruf gerät – vor allem in Priesterseminaren, wo die Opfer einer solchen Praxis ohne Federlesen den leisesten Ansatz zu einer wenig geistreichen Formulierung oder zu falschem Pathos sofort aufspüren, um damit ihren Schabernack zu treiben.

In den Ordensgemeinschaften gibt es meistens festgesetzte Zeiten für die Betrachtung, wobei hier jedoch vornehmlich an kontemplative Klöster gedacht ist. Doch fehlen hier größtenteils jene Systematisierungen und langatmigen Wiederholungen. Die gemeinschaftliche Betrachtung stellt ein beschauliches Kloster vor keine ungewöhnlichen Probleme, vorausgesetzt, daß die Regel befolgt und entsprechende Maßnahmen für die Einhaltung der Stille und Ordnung ergriffen werden.

Jeder sollte sich darum bemühen, sich eine gewisse, ihm am geeignetsten erscheinende Zeit des Tages für sein Gebet vorzubehalten. Das soll natürlich keine Anregung dazu sein, auch in geistlichen Dingen eine gewisse Selbstbefriedigung zu suchen. Zuweilen ist es jedoch für uns nicht nur eine Notwendigkeit, sondern auch ein Anrecht, uns äußerliche Voraussetzungen zu suchen, die zu einer fruchtbringenden Betrachtung beitragen. Jedem, der die Meditation als Herzensanliegen ansieht, sollten hier maßvolle und vernünftige Freizügigkeiten zugebilligt werden.

Naturgemäß ist die *sitzende Stellung* die beste Vorbedingung für ein längeres Beten. Die sitzende Haltung erfreut sich bei einem gewissen Typus beschaulicher Menschen einer besonderen Bevorzugung. Zu ihnen gehört der Engländer Richard Rolles, ein liebenswerter Mystiker aus dem 14. Jahrhundert, der in seinem Buch «Die Form des vollkommenen Lebens» dazu schreibt: «Ich habe es also vorgezogen, mich niederzusetzen, wenn ich bete, nicht etwa aus besonderer Bußfertigkeit oder Einbildung oder weil die Leute über mich reden sollen. Nein, gewiß nicht deshalb! Warum also? Weil ich erkannte, daß ich Gott inniger und länger zu lieben vermag, wenn ich in der ruhigen Stellung der Liebe verharre, als wenn ich laufe, stehe oder knie. Wenn ich mich niedersetze, ruht meine Seele am besten aus und mein Herz ist ganz emporgehoben. Doch sage ich nicht, es wäre für jeden anderen gut niederzusitzen, wie ich es tat und tun werde bis zu meinem Tod, es sei denn, seine Seele wäre der meinen in vielen Dingen gleichgeformt.»

Die fromme Gewohnheit macht es den Katholiken im allgemeinen leicht, ihre Betrachtung auf den Knien zu halten. Gewiß ist es ratsam, gewöhnlich in einer ruhigen, konzentrierten Stellung zu verharren. Aber gibt es ausreichende Gründe, die dagegen sprechen, sich während der Meditation beispielsweise im Garten auf und ab zu bewegen? Mit anderen Worten heißt das: Es gibt eine weitreichende Skala von Stellungen und Orten, die für das innere Gebet geeignet sind. Im wesentlichen handelt es sich hierbei ja nur um praktische Dinge, die das Beten erleichtern sollen. Wichtig ist lediglich, daß wir Eingezogenheit, Stille, innere Sammlung und Frieden suchen.

Ehe wir fortfahren, soll noch kurz auf einen Punkt, nämlich auf die Bedeutung der *Muße* für das Gebetsleben, hingewiesen werden. Die Muße wird von einigen Ordensleuten so negativ beurteilt, daß sie für diese mit der Faulheit identisch wird. Ohne sich um eine Unterscheidung zwischen fruchtbarer und unfruchtbarer Muße zu bemühen, bezeichnen die «Aktivisten» jegliches Verlangen nach Muße kurzerhand als Sünde. Sie meinen, daß jemand, der nicht immer in Bewegung ist, kostbare Zeit verschwendet. Der innere Sinn dessen, was Thomas von Aquin von der Trägheit gesagt hat, entzieht sich ihnen. «Trägheit», schreibt der Doctor Angelicus, «ist die Unlust, das Widerstreben gegenüber dem, was gut ist.» Er sagt nicht etwa, die Trägheit sei der Widerwille gegen die Arbeit; denn er vermeidet sorgfältig, den Begriff der Arbeit mit dem des Guten gleichzusetzen. Und doch bedarf die gefallene menschliche Natur der Mühen und Leiden, um zu ihrem höchsten Gut, dem geistlichen Gut, zu gelangen. Folglich handelt es sich bei unserer Trägheit meistens um ein Widerstreben angesichts der Mühen, die jedoch erforderlich sind, wenn wir uns dieses Gut erringen wollen. Gleichzeitig muß jedoch festgestellt werden, daß das höchste geistliche Gut eine Tätigkeit ist, die so vollkommen ist, die so fern aller Mühen liegt, wodurch sie gleichzeitig vollkommene Tätigkeit und vollkommene Ruhe ist. Und das ist die Anschauung Gottes.

Jetzt verstehen wir, warum die Kirchenväter von einer «heiligen Muße», dem «otium sanctum», sprechen. Wir können uns nicht in voller Konzentration mit geistlichen Dingen befassen, wenn wir fortgesetzt von einer Vielzahl äußerlicher Tätigkeiten in Anspruch genommen und gestört werden. Geschäftigkeit ist keine außerordentliche Tugend, und unsere Heiligkeit wird nicht an der Menge der von uns verrichteten Werke gemessen. In der Reinheit unserer Liebe zu Gott begründet sich unsere Vollkommenheit. Diese reine Liebe ist eine zarte Pflanze, die am besten gedeiht, wenn sie Zeit zu ruhigem Wachstum hat. Diese Wahrheit beruht auf einer ganz einfachen natürlichen Grundlage. Irgend jemand hat einmal gesagt: Es braucht Zeit, um ein Genie zu werden. So manche vielversprechende Künstler sind an einem viel zu früh errungenen Erfolg gescheitert. Das dadurch erzeugte Bedürfnis nach Mehrverdienst und die Notwendigkeit, der Vorstellung treu zu bleiben, die beim Publikum von ihrem Schaffen entstanden war, trieben sie nicht selten zu einem Übermaß an Arbeit. Ein weiser Künstler reflektiert mehr und malt weniger. Ein Dichter, den die Kunst mit Ehrfurcht erfüllt, verbrennt viel und veröffentlicht wenig. So können wir auch im geistlichen Leben nicht damit rechnen, gut zu beten, wenn wir uns nicht stille Übergangspausen zwischen der Arbeit und den eigentlichen Gebetszeiten gönnen. Wenn wir versuchen, zu viel Aktivität für Gott einzusetzen, kann es leicht geschehen, daß wir gar nichts mehr für Ihn zu tun imstande sind und dabei noch unser ganzes geistliches Leben aufs Spiel setzen. Theresia von Lisieux erinnert uns mit Recht daran, daß Gott unsere Werke nicht braucht, wohl aber unsere Liebe.

Das Ideal des beschaulichen Lebens ist nun nicht etwa die Abschaffung jeglicher Arbeit. Im Gegenteil! Völlige Untätigkeit würde gleich dem übertriebenen Schaffensdrang das geistliche Leben erheblich beeinträchtigen. Der echte Kontemplative ist ein Mensch, der sich die Kunst zu eigen gemacht hat, auch inmitten all seiner Arbeit Muße zu finden, indem er mit einer solchen Sammlung und Eingezogenheit arbeitet, daß auch seine Arbeit zum Gebet wird. Für einen solchen Menschen ist der ganze Tag «otium sanctum». Sein Gebet, seine geistliche Lesung und seine Arbeit schenken ihm vereint Ruhe und Kraft. Das eine schafft den Ausgleich für das andere: Das Gebet macht die Arbeit leichter, die Arbeit gibt ihm die Möglichkeit, mit erfrischtem Geist zum Gebet zurückzukehren. Diese Voraussetzungen sind zweifellos in gesunder ausgewogener Weise im klösterlichen Tagesablauf nach der Regel des hl. Benedikt stark beachtet und verwirklicht worden, in jener ausgeglichenen Gewichtsverteilung zwischen Liturgie, Meditation, geistlicher Lesung und Feldarbeit.

d) Die Lauterkeit

Beim inneren Gebet handelt es sich seiner Natur nach um ein ganz persönliches, individuelles Beten. Für das Wortgebet und das liturgische Beten gilt es als vorausgesetzt, daß die Worte, die unser Mund ausspricht, nicht unbedingt das ausdrücken, was wir im Augenblick auf dem Grund unseres Herzens empfinden. Wenn wir uns mit den anderen im liturgischen Beten vereinigen, sehen wir von unseren momentanen Gefühlen ab, um ganz mit den Gedanken und Wünschen der Gemeinschaft zu verschmelzen, denen das liturgische Gebet Ausdruck verleiht. Die Anliegen der Gemeinschaft werden dann zu unseren eigenen Anliegen und heben uns über unsere individuelle Begrenztheit hinaus und hinauf auf die Ebene des Mystischen Christus, der in der Liturgie betet.

Auch beim inneren Gebet betet der Mystische Christus in uns, jedoch in einer anderen Form. Auch das persönliche Beten des einzelnen gehört in gewisser Beziehung immer noch zum Beten der Kirche. Doch fehlt ihm der amtliche, öffentliche Charakter. Beim inneren Gebet betet jedoch der Heilige Geist in einem Glied Christi, in einem Menschen, der durch die Taufe ein «anderer Christus» geworden ist. Gleich dem Verlangen und Leiden des Sohnes steigen im Gebet Verlangen und Leiden des Menschenherzens zum himmlischen Vater empor kraft des Heiligen Geistes, der uns beten lehrt und der, obwohl wir nicht immer zu beten verstehen, in uns betet und in uns zum Vater ruft. «Ihr habt ja nicht den Geist der Knechtschaft empfangen, so daß ihr aufs neue Furcht haben müßtet, sondern den Geist der Kindschaft, in dem wir rufen, Abba, Vater! Der Geist selbst bezeugt unserem Geist, daß wir Kinder Gottes sind; wenn aber Kinder, so sind wir auch Erben: Erben Gottes und Miterben Christi, sofern wir mitleiden, um auch mitverherrlicht zu werden. ... Desgleichen nimmt sich der Geist auch unserer Schwachheit an; denn um was wir beten sollen, wie es sich gebührt, das wissen wir nicht. Doch der Geist tritt selbst für uns ein mit unaussprechlichen Seufzern. Der aber die Herzen durchforscht, weiß um das Anliegen des Geistes; denn er tritt im Sinne Gottes ein für die Heiligen.» (Röm 8,15–17,26f) Das innere Gebet ist also darauf hingeordnet, den Heiligen Geist in uns zu wecken und unser Herz in Einklang mit Seiner Stimme zu bringen, so daß wir Ihm die Möglichkeit geben, in uns zu beten und zu sprechen, Ihm unsere Stimme zu leihen. Nur so werden wir Seines Betens in unserem Herzen inne.

Das aber setzt voraus, daß wir die Schwierigkeit, beständig über die Lauterkeit unseres Herzens zu wachen, nicht scheuen. Wir sollten im inneren Gebet niemals etwas sagen, was wir nicht aufrichtig meinen oder wollen. Einer der Gründe, warum unser inneres Gebet leicht kalt und gleichgültig wird, beruht auf der Tatsache, daß wir gleich am Anfang um Dinge bitten, von denen wir im Augenblick noch gar nicht überzeugt und die uns noch nicht einmal zum Herzensanliegen geworden sind. Aus lauter Gewohnheit fallen wir beispielsweise auf die Knie. Ohne unser Inneres auf Gott zu richten, sagen wir Ihm, daß wir Ihn lieben. Wir tun dies jedoch auf eine äußerliche, fast mechanische Weise und merken dabei kaum, was wir Ihm eigentlich sagen. Der Wunsch, Gott zu lieben, ist uns zwar zu einer inneren Gewohnheit geworden. Wenn wir aber in

Wahrheit danach trachten, worum wir im Gebet bitten, gelingt es uns, unser Wollen zu läutern. Unser aufrichtiges Gebet ließe sich dann etwa mit einem Scheibenwischer vergleichen, der die juristischen Flecken der Eigenliebe wegwischt. Im Grunde verlangen wir dann auch nicht mehr nach dem, was sich Gott und Seinem heiligen Willen entgegenstellt.

Ist es nun trotzdem ein Zeichen der Lauterkeit, wenn wir tiefe Gefühle der Liebe, die wir nicht empfinden, zum Ausdruck bringen, besonders dann, wenn unser Herz tatsächlich ganz kalt ist und sich unser Geist einer Unkonzentriertheit gegenüber sieht, die, wenn auch von uns nicht eigentlich gewollt, jedoch von unserem Inneren im Augenblick des Gebets fast völlig Besitz ergriffen hat?

Die Lauterkeit muß notwendig von aller geistlichen Trägheit absehen. In solchen Augenblicken sind wir am aufrichtigsten, wenn wir unseren Mangel an Konzentration bereuen und ehrlich versuchen zu beten, indem wir zugeben, daß wir uns ohne ein rechtes Verlangen ins Gebet begeben haben. Die Lauterkeit fordert von uns, daß wir alles, was in unseren Kräften steht, tun, um die Macht der Gewohnheit und ihre Auswirkungen auf unser Inneres zu brechen, auch wenn dabei althergebrachte Gepflogenheiten nicht immer so ganz berücksichtigt werden können. Wenn wir wirklich nicht zum Beten «aufgelegt» sind, ist es auf jeden Fall besser, diesen Tatbestand vor Gott zu bekennen, als Ihm zu versichern, daß wir uns glühend nach Ihm verzehren. Wenn wir die Wahrheit eingestehen, gehen wir von der Grundhaltung der Demut und vom Bewußtsein aus, daß das ehrliche Beten uns ein beständiges Mühen abverlangt. Dann mag es wohl geschehen, daß uns ein wenig von der Gnade der Bußfertigkeit zuteil wird, die die wertvollste Hilfe für das innere Gebet sowie für alle Gebetsarten darstellt.

Bußfertigkeit oder Zerknirschung ist im wesentlichen

jenes Innewerden unserer Armseligkeit, unserer Kälte und unserer ständigen Verwiesenheit auf Gott. Sie setzt Glauben, Leid, Demut und vor allem Hoffnung auf Gottes Erbarmen voraus. Für den unbußfertigen Menschen erstarrt das Gebet in einer kalten Förmlichkeit, in der das menschliche Ich in sich gefangen bleibt. Für den bußfertigen Menschen hingegen bedeutet das Gebet einen lebendigen Akt, der ihn in einer echten Ich-Du-Beziehung in Gottes unmittelbare Gegenwart versetzt, die nicht in der Einbildung besteht, sondern geistliche, persönliche Wirklichkeit ist. Die Grundlage dieser Wirklichkeit ist das vom Glauben an Gottes Liebe zu uns getragene Bewußtsein unserer Gottverwiesenheit.

Wenn wir die Nüchternheit der Liturgie mit dem stark überdosierten Sentimentalismus gewisser «frommer» Bücher vergleichen, die doch eigentlich dafür da sind, den Christen in seiner Meditation zu fördern, merken wir bald, daß das liturgische Beten die Lauterkeit unseres Gebetslebens wesentlich erleichtert. Die Liturgie sieht den Menschen so, wie er ist: als Sünder, der die Barmherzigkeit Gottes sucht. Die frommen Bücher hingegen nehmen ihn zuweilen so, wie er nur bei seltenen Anlässen ist: voller Glut, im Hochgefühl heroischer Liebe, bereit, sein Leben im Martyrium hinzugeben, oder schon an dem Punkt, da er sein Herz vom Speer mystischer Liebe durchbohrt fühlt. Bedauerlicherweise sind jedoch die meisten von uns nicht davon angetan, ihr Blut bereits um sechs Uhr früh – oder doch immer dann, wenn Betrachtung gehalten wird – im Märtyrertod zu vergießen! Den größten Teil der Christen kümmern die Speere mystischer Liebe wenig oder gar nicht!

Das innere Gebet sollte affektiv, also ein Werk der Liebe sein. Dabei sollte man jedoch jede geistliche Theatralik oder Melodramatik vermeiden! Der schwülstige, auf Effekte abgestimmte Stil gewisser religiöser Autoren ist der

Nachhall einer barocken Mystik und Frömmigkeit, die vor einigen Jahrhunderten das ganze geistliche Leben in ihrer für Italien, Frankreich und Spanien so typischen Form beherrschte. Diese ganz eigene Frömmigkeitsform war sicherlich das Ergebnis des von einigen bedeutenden Heiligen der damaligen Zeit ausgeübten Einflusses, der zur katholischen Meinungsbildung des Barock entscheidend beitrug.

Es sollte uns eigentlich gelingen, von solchen Modeerscheinungen im Frömmigkeitsleben loszukommen, vor allem wenn sie sich im Laufe der Zeit abnutzen. Schauen wir uns die Heiligen einmal aus der Nähe an, dann erscheinen sie uns echter, nüchterner und geistlich viel reifer, als es die von ihren einseitigen und kurzsichtigen Jüngern gezeichneten Darstellungen vermuten lassen.

Als Reaktion auf diese nur auf den enthusiastischen Effekt abgestimmten schwärmerischen Frömmigkeit bemerken wir vor allem im modernen Amerika eine Tendenz, die in den Betrachtungsbüchern eine extrem vertrauliche Zwanglosigkeit des Betens begünstigt. Man geht freundschaftlich mit Jesus und Maria um. Unsere Liebe Frau wird zur «Mutti» und der hl. Joseph zum «Papi»; überhaupt unterhalten wir uns den ganzen lieben langen Tag mit ihnen! Mit der Zeit kann so etwas jedoch noch verkrampfter und gefährlicher werden als das schlimmste Pathos. Manche mögen diese Form für «spontan» halten, weil sie ihnen leicht fällt und sie wenig Mühe damit haben. Und doch handelt es sich dabei oft genug nur um etwas Schablonenhaftes, Gewolltes, das man aus der «Schule» der «Revolverblattfrömmigkeit» mitgebracht hat, die heutzutage in der populären religiösen Presse ihre Blüten treibt.

e) Konzentration und Einheit

Wir haben bereits betont, daß der Fortschritt im inneren Gebet eine immer deutlichere Zielsetzung voraussetzt, nämlich die Konzentration des gesamten geistlichen Lebens auf das Ziel der Vereinigung mit Gott. Wir haben festgestellt, daß dieses Ziel, empirisch gesehen, im allgemeinen im Dunkeln liegt. Die Sehnsucht nach Gott wird tiefer und beständiger, und gleichzeitig verliert sich unsere Erkenntnis, die die Grenze klarer, eindeutig definierter Begriffe überschreitet, im «Dunkel», in einem fließenden Bereich. So wird uns jene Angst des Mystikers erklärlich, der Gott in der Nacht des reinen Glaubens jenseits menschlicher Begriffsformen sucht und nicht an Seiner Helligkeit, sondern an Seiner Dunkelheit erkennt. Das kontemplative Gebet begreift Gott nicht so sehr an der positiven Erkenntnis, sondern an der Liebe. Diese Liebesvereinigung, die die Seele Gott «erfahren» läßt, wird vom Heiligen Geist, aber nicht durch die Kraft des Menschen, gewirkt.

Es wäre durchaus falsch, wenn wir zu Beginn unseres bewußten Gebetslebens diese einfache, dunkle Vereinigung unserer Fähigkeiten mit Gott bloß dadurch erreichen wollten, daß wir jegliche geistige Betätigung einstellen und aufhören, logisch zu denken oder diskursiv zu meditieren. Die Meditation ist der normale Weg zum beschaulichen Gebet. Dabei können wir bestimmte einfache Begriffe nicht entbehren. Sie bedient sich gewisser theologischer sowie philosophischer Begriffe von Gott. Sie beschäftigt sich mit Gedanken und Grundsätzen, die, wenn die Seele erleuchtet ist und durch die Liebe zum Handeln angeleitet wird, in einer tiefen, übernatürlichen Gläubigkeit Frucht tragen.

Soll das kontemplative Gebet sein Ziel erreichen, dann gilt es, vollen Gebrauch von unseren Fähigkeiten beim

Eindringen in die offenbarten Wahrheiten zu machen, die in ihrer Gesamtheit als «Wort Gottes» bezeichnet werden. Aus diesem Grund muß unsere Meditation auch einen fest umrissenen Betrachtungsgegenstand haben. Gerade im Anfangsstadium des Gebetslebens trifft es zu, daß fruchtbringende Ergebnisse nur dann erreicht werden, wenn sich die Meditation konkret und präzise gestaltet. Die innere Zucht, die sich in ihrem Bestreben auf einen besonderen, scharf abgegrenzten Betrachtungsgegenstand ausrichtet, trägt zu einer Konzentration der Fähigkeiten bei und bereitet sie somit schon früh auf das beschauliche Beten vor.

f) Der Meditationsgegenstand

Zweifellos ist die Wahl des Betrachtungsgegenstandes für die Meditation sehr wesentlich. Da die Meditation eine persönliche und betont individuelle Form geistlicher Betätigung darstellt, ist es eine Selbstverständlichkeit, daß die Wahl des Betrachtungsgegenstandes dem einzelnen überlassen werden sollte. Die meisten sind nicht in der Lage, über einen bestimmten «Punkt» zu meditieren, der ihnen von anderen vorgeschrieben wird, vor allem wenn es sich dabei um etwas Abstraktes handelt.

Im Einklang mit der asketischen Tradition des Christentums hat die Meditation gewöhnlich ein Glaubensgeheimnis zum Gegenstand. Glaubensgeheimnis und Glaubenssatz sind nicht dasselbe. Bei einem Glaubenssatz handelt es sich um eine eher abstrakte, lehramtliche Definition der Wahrheit, an die geglaubt werden muß und die sich uns hier in ihrer amtlichen Formulierung zeigt. Das Dogma bietet zweifellos einen kalten, abstrakten Betrachtungsgegenstand, obwohl es auch hier so manche gibt, die sich dieser Meditationsform mit gutem Ergebnis bedienen.

Ein Glaubensgeheimnis hingegen stellt nicht etwa eine sterile, chemisch gereinigte Formulierung der offenbarten Wahrheit dar, sondern es umfaßt die ganze Wahrheit in ihren greifbaren Ausdrucksformen. Im allgemeinen erblicken wir in den Glaubensgeheimnissen Gott selbst in einer Seiner großen gottmenschlichen Heilstaten, in denen Er sich uns konkret und für uns zugänglich offenbart, in denen Er das Werk unserer Erlösung vollbracht, uns eine Teilhabe an Seinem göttlichen Leben geschenkt und uns mit Ihm vereinigt hat. Die Glaubensgeheimnisse in diesem Sinn zu betrachten, bedeutet, sie von außen, also so zu erkennen, wie sie sich uns als Teil der Erfahrung der Kirche darstellen. Die kirchliche Erfahrung der Mysterien – wenn ein solcher Ausdruck zulässig ist – wird mit Hilfe der Überlieferung von Epoche zu Epoche weitergegeben. Die Überlieferung ist die Erneuerung der empirischen Erkenntnis der Glaubensgeheimnisse in jeder christlichen Generation und Gesellschaft. Jede neue Epoche des Christentums erfährt ihren Glauben und ihr Verständnis des Erlösungsgeheimnisses, des Mysteriums von der Teilnahme des Menschlichen am Göttlichen in Christus, neu. Jedes Zeitalter erneuert diese Grunderfahrung des christlichen Mysteriums auf seine eigene, ihm allein vorbehaltene Weise. Vom Geist der Kirche, vor allem vom Geist der Liturgie und der christlichen Kunst erfüllt und von der Meditation angeleitet, dringen wir in die Glaubensgeheimnisse ein, wodurch sich die Erfahrung der Mysterien durch die Kirche in uns selbst auf Grund unserer Teilnahme an ihnen neu vollzieht. Natürlich geschieht die volle Teilhabe des Christen am Mysterium Christi auf sakramentaler, öffentlicher, liturgischer Ebene mittels der Sakramente und der Eucharistiefeier. So erklärt sich die enge Beziehung von persönlicher Meditation und öffentlichem Gottesdienst in der Kirche.

Wir wollen einmal annehmen, wir hätten uns das Mysterium der Menschwerdung als Betrachtungsgegenstand gewählt. Um uns in dieses Geheimnis zu versenken, ist es zweifellos unumgänglich, das Mysterium so zu «sehen», wie es die Kirche sieht. Das bedeutet, daß wir unsere Meditation auf das Evangelium der Verkündigung oder auf den evangelischen Bericht über die Geburt Christi vornehmlich in Verbindung mit der Weihnachtsliturgie und dem Meßformular zum Fest Mariä Verkündigung konzentrieren müssen. Die Betrachtung des Geheimnisses der Menschwerdung wird durch die sakramentale Erfahrung dieses Mysteriums, wie es die Kirche lebt und feiert, immer von neuem vertieft, bereichert, befruchtet.

Dieses «Begreifen von außen» bringt eine Betätigung der Sinne – der Phantasie, des Gemüts, des Gefühls, der Affekte – mit sich. Als Folge der Meditation und der Teilnahme am liturgischen Geschehen beginnt der Christ, so zu fühlen und zu handeln, als wäre er selber einer der Hirten auf den Feldern Bethlehems. Für ihn wird Bethlehem zu einem Teil seines Lebens. Ihm wird die Geburt Christi so vertraut, als habe er selber an diesem Geschehen teilgenommen. Dieses Erfahren vollzieht sich also im Herzen dieses Christen, wenn es sich auch hier um jenen mystischen und dem Zugriff unzugänglichen Bereich handelt. Die Aufgabe der Meditation besteht also zunächst einmal darin, die Geheimnisse des Lebens Christi als wirkliche, gegenwärtige Tatsachen in unserer eigenen geistlichen Existenz zu «sehen» und zu «erfahren».

Um eine solche Erfahrung zu vertiefen, persönlicher zu gestalten, sucht die Meditation die innere Sinngebung der Dinge unter der äußeren Hülle wahrzunehmen und (was vor allem wesentlich ist) überdies die uns im Evangelium vermittelten historischen Tatsachen mit unserem eigenen geistlichen Vollziehen hier und jetzt zu verknüpfen.

Ganz schlicht ausgedrückt, heißt das: Die Geburt unseres Herrn Jesus Christus in Bethlehem ist ein Ereignis, das ich mir mit Hilfe der Phantasie vergegenwärtige. Da Christus das ewige Wort Gottes ist, vor dem die Zeit ganz Gegenwart ist, «sieht» mich das in Bethlehem zur Welt gekommene Kind «hier und jetzt», d. h., «ich bin» Seinem Geiste «bei Seiner Geburt» gegenwärtig. Daraus folgt, daß ich mit Ihm als mit einem, der gegenwärtig ist, nicht nur in der Phantasie, sondern in der Eigentlichkeit der Realität sprechen kann. Diese geistliche Begegnung mit dem Herrn bildet den echten, tiefen Sinn jeder Meditation.

Aus diesem einfachen Beispiel ergibt sich also, daß die wahre Aufgabe der Meditation darin besteht, uns die Möglichkeit zu verleihen, in unserem eigenen Erfahren die Grundwahrheiten des Glaubens zu begreifen und greifbar zu machen.

Natürlich gibt es eine Vielzahl von Betrachtungsgegenständen.

Zweifellos muß die Meditation unser Leben, unsere Erfahrungen, unsere Pflichten und unsere Schwierigkeiten miteinbeziehen. Ein großer Teil unserer Unkonzentriertheit könnte verschwinden, wenn wir begreifen würden, daß wir keineswegs dauernd verpflichtet sind, den praktischen Problemen des Lebens im Gebet «den Rücken zu kehren». Im Gegenteil! Gerade diese Probleme sollten zuweilen das Anliegen unserer Meditation bilden! Schließlich ist ja die Meditation auf gewisse Grundtatsachen und Grundhaltungen hingeordnet, z. B. unsere Berufung, unsere Antwort auf Gottes Willen und Pläne für uns, unsere Liebe zu den Mitmenschen, unsere Treue gegenüber der Gnade. Auch das gehört also dazu, wenn wir Christus und Sein Leben betrachten; denn es ist Sein Begehren und Sein Wille, in uns zu leben. Das wesentliche Merkmal des Lebens Christi in uns besteht in Seiner tatsächlichen Gegenwart und in Seinem Handeln in uns. Eine Meditation, die das übersieht, wirkt ziellos und wenig systematisch.

Es läßt sich also zuweilen gar nicht vermeiden, daß wir über unser Handeln in der Vergangenheit, über unsere Absichten für die Zukunft, über unser Leben überhaupt und über das, was sich an uns vollzogen hat, nachdenken. Wenn all das in unser Gebet hineinströmt, dann gilt es, durch unser Beten eine Verbindung herzustellen zwischen der Vielschichtigkeit unseres Lebens und der Ereignisse einerseits und dem Glauben an Christus und die göttliche Vorsehung andererseits. Wir sollten versuchen, unser Leben im Licht Seines Willens und Seines Heilsplans für uns und die ganze Menschheit zu sehen. In diesem Sinn müssen wir auch über die geschichtlichen Ereignisse der Gegenwart reflektieren und danach trachten, in ihren oft so erschreckenden Sinn einzudringen.

Vielleicht kann ich meinen Gedanken praktisch am besten folgendermaßen erläutern: Eine Ordensfrau, die das Leiden Christi betrachtet, dabei aber historische Tatbestände wie die Vernichtungslager von Dachau und Auschwitz nicht in ihre Meditation einbezieht, hat die Erfahrungssituation der heutigen Christenheit noch nicht völlig nachvollzogen. Dachau und Auschwitz sind zwei erschütternde, ja apokalyptische Bilder der Wirklichkeit der in unseren Tagen erneuerten Passion. Viele fromme Leute sind der Überzeugung, daß solche Dinge nur als «Ablenkung» wirken können, und deshalb versuchen sie, sie aus ihrem Denken auszuklammern. Wenn solch eine Einstellung zum allgemeinen Grundsatz erklärt und als taktisch richtig empfunden würde, könnte das zu einem völligen Mangel an Realismus im geistlichen Leben führen. Diese historischen Tatsachen sollten bekannt sein. Wir müssen uns mit ihnen auseinandersetzen und sie zu einem Teil unseres Betens machen. Gerade der kontemplative Mensch sollte sich in der Meditation dieser so erschütternden, so symptomatischen, so ungeheuer aussageträchtigen, so prophetischen Ereignisse annehmen.

Der einzige hier zu erwähnende Vorbehalt in Verbindung mit diesen historischen Tatsachen bezieht sich auf die Form, wie sie an uns herangetragen werden. Im allgemeinen vermittelt die Presse nur eine oberflächliche Übersicht, einen viel zu knappen Abriß des Tagesgeschehens. Nicht selten sind diese Darstellungen so nichtssagend und so verweltlicht, daß sie kaum als geeigneter Gegenstand einer ernsthaften Meditation angesehen werden können. Die Ereignisse des Zeitgeschehens müssen mit mehr Gründlichkeit, mehr Objektivität und mit weniger Voreingenommenheit behandelt werden. Andernfalls kommt bei der Meditation nichts weiter heraus als eine Anzahl übernommener politischer Klischees und selbstgefälliger Schlußfolgerungen, die, völlig zwecklos, nicht zur Entfaltung und Vertiefung des geistlichen Lebens beitragen.

Wir wollen hier die Bedeutung der Meditation für das Leben eines Mannes wie Ghandi nicht übersehen. Er war eine der wenigen wahrhaft hervorragenden geistigen Persönlichkeiten, die aktiv am modernen politischen Leben teilnahmen. Er betrachtete es als seine religiöse und geistige Pflicht, in der Meditation den Sinngehalt historischer Ereignisse und politischer Tendenzen zu erfassen, jedoch nicht, um dieses Wissen in persönliche Macht zu verwandeln, sondern um für den Menschen, das Gleichnis und Ebenbild Gottes, einzutreten und ihn zur Freiheit zu führen.

g) Wesentliches

Um auch den Sinn der Ereignisse zu begreifen, die sich wenig oder gar nicht von der Alltäglichkeit abheben, müssen wir uns einen «religiösen Ausblick» verschaffen, von dem aus wir alles Geschehen besser betrachten können. Für einen solchen Ausblick ist es allerdings erforderlich, uns ohne Selbsttäuschung klar darüber zu werden, daß wir sterben müssen und daß unser Leben dem unerbittlichen Licht des Gerichtes ausgeliefert sein wird. Ein Mensch, der nie ans Sterben denkt, ist zu echten geistlichen Entscheidungen unfähig. Er wird niemals mehr als ein kurzsichtiger Opportunist sein, dessen Entschlüssen der dauernde Wert fehlt.

Unser Leben sollte vor allem immer im Licht des Kreuzes betrachtet werden. Das Leiden, der Tod und die Auferstehung des Herrn haben den Sinn und die Hinordnung allen menschlichen Seins und Tuns völlig verwandelt. Wenn ein Mensch dies nicht begreift, verbringt er sein ganzes Leben damit, ein Spinnennetz anzufertigen, das in Nichts vergeht, weil es ein Nichts ist.

Eine Meditation, die sich vielen Gegenständen zuwendet, ist am Ende überhaupt keine Meditation mehr. Infolge ihrer Oberflächlichkeit schwächt und «verdünnt» sie unsere geistigen Fähigkeiten, die dadurch ihre Konzentration und Konstruktivität einbüßen. Sie hat sich zwar ein Ziel gesetzt, das sie jedoch niemals erreicht.

Um zu lernen, wie wir unsere Fähigkeiten auf einen bestimmten Punkt konzentrieren müssen, ist es ratsam, ein Buch zu benutzen, wenn wir noch in den Kinderschuhen der Meditation stecken. Das heißt nicht, daß wir zu einem offiziellen Betrachtungsbuch greifen sollen. Jedes Buch, das sich ernsthaft mit den Dingen Gottes und mit dem geistlichen Leben befaßt, kann uns mit ausreichendem Stoff für eine konzentrierte Meditation versorgen. Um jedoch die zu betrachtenden Wahrheiten richtig in den Brennpunkt unserer geistigen Betätigung zu rücken, bedarf es gewöhnlich der Mitarbeit der Sinne. Deshalb ist es am Anfang eines bewußten geistlichen Lebens am ratsamsten, jene Wahrheiten zu betrachten, die in einer greifbaren Form, beispielsweise in einem Gleichnis, in einem bezeichnenden Ausspruch oder in einer bestimmten

Handlung des Herrn oder eines Heiligen zugänglich werden.

Alle philosophischen Systeme des Altertums und alle höheren Formen religiösen Denkens haben sich einfacher Gestalten, die das sinnenhafte Denken ansprechen, und inhaltsträchtiger Gleichnisse bedient, um die tiefsten Wahrheiten zu vermitteln. Ganz besonders gilt das für die Bibel. Hier hat Gott Seine Geheimnisse mit jener scharf umrissenen Einfachheit und Greifbarkeit offenbart, die sie für alle Völker und Zeiten erreichbar bleiben lassen. Es gibt deshalb kein geeigneteres Betrachtungsbuch als die Bibel und hier vor allem das Neue Testament. Die Kirchenväter betrachteten die «lectio divina» oder geistliche Lesung der Heiligen Schrift als vorgegebene, natürliche Grundlage für ein Leben der Meditation und des Gebets.

Eine noch weit zugänglichere und einfachere Form der Meditation besteht darin, sich in die liturgischen Texte zu versenken, die dem Alten und Neuen Testament entnommen sind und uns Sonntag für Sonntag in den Meßformularen in die Hand gegeben werden. Auf diese Weise schwingen unsere Betrachtungen mit dem Rhythmus des Kirchenjahres mit. Geist und Herz können so in harmonischer Weise einstimmen in das Beten der Kirche, und es entsteht die Bereitschaft, die Gnadengaben, die Gott als Antwort auf dieses Gebet in die Welt strömen läßt, in noch reicherem Maße zu empfangen.

An dieser Stelle erscheint es angebracht, die wesentlichen Faktoren des betrachtenden Gebets in schematischer Form zu umreißen:

1. Vorbedingungen:
Ein ehrliches Bemühen um innere Sammlung, ein klares Bewußtsein dessen, was wir zu tun im Begriff sind, und ein Bittgebet zur Erlangung der Gnade. Ist hier ein guter Grund gelegt, dann kann leicht darauf aufgebaut werden.

2. Ausrichtung:
Wir versuchen, unseren Betrachtungsgegenstand klar zu sehen, uns ganz auf ihn einzustellen, ihn zu begreifen. Dies setzt ein ganz vom Glauben getragenes Bestreben voraus. Und so lange müssen wir uns bemühen, bis wir den Glauben klar und fest im Herzen (und nicht nur im Kopf) tragen.

3. Zielsetzung:
Aus dem, was wir «sehen», ergeben sich bestimmte Folgen: Das Verlangen und der Entschluß, im Einklang mit dem Glauben zu handeln, den Glauben zu leben. Hier ist ein von der Hoffnung getragenes Bemühen erforderlich. Wir müssen an die Möglichkeit dieser guten Handlungen glauben, müssen auf die Verwirklichung des guten Wollens mit Gottes Beistand vertrauen und vor allem die Erreichbarkeit einer Vereinigung mit Gott aufrichtig erhoffen.

4. Vereinigung:
Hier wird das Gebet einfach und unkompliziert. Das Glaubensbewußtsein ist fest, die Hoffnung schwankt nicht. Wir weilen in der Gegenwart Gottes. Dieser Zustand ist eher ein einfaches Ausruhen und Erkennen, ein Umfangen der ungeteilten Liebe. Wird jedoch konkretes Handeln erforderlich, dann soll Tätigkeit das Merkmal der Liebe sein, in welchem Fall das Gebet eher zur letzten Stufe (3) zu rechnen ist. Unsere Liebe kann auch darin bestehen, dem Geliebten zuzuhören oder Ihn zu verherrlichen. Wir können uns in den meisten Fällen damit begnügen, ganz einfach auszuruhen und uns still der tiefen Strömung der Liebe hinzugeben, indem wir ganz vom eigenen Wollen absehen und so dem Heiligen Geist die Möglichkeit verleihen, in die verborgenen Tiefen unseres Inneren hineinzuwirken. Wenn das Gebet an Konzentration und

an Intensität verliert, können wir zu einer früheren Gebetsstufe zurückkehren und Wachsamkeit, Glauben und Liebe neu beleben.

Eine kurze, aufrichtige *Danksagung* sollte die Meditation beschließen.

5. Veranlagung und inneres Gebet

Die Form der Meditation richtet sich ganz nach der Veranlagung und den Gaben eines jeden einzelnen. Ein vom Verstand geprägter analytischer Mensch zerlegt einen Text in seine Bestandteile, folgt der Gedankenentwicklung Schritt für Schritt und verharrt bei jedem neuen Begriff in tiefem Nachdenken, um ihn von allen Seiten her zu ergründen und ihn in allen seinen verborgenen, praktischen sowie spekulativen Bedeutungen auszuschöpfen.

Doch sollte dieses analytische Vorgehen nicht zu intensiv sein. Mit Hilfe des logischen Denkens gelangt der Geist an die Schwelle der Erkenntnis. Für den Verstandesmenschen tritt die Meditation dann in ihr eigentliches Stadium ein, wenn der Geist die ganze Fülle des Betrachtungsgegenstandes in einem einzigen tiefen, alles durchdringenden Blick zu umfangen vermag. Dann verharrt er im Zustand der Erkenntnis, gibt der Wahrheit in seinem Inneren Raum und läßt sie zu einem Teil seiner selbst werden. Die Erkenntnis, die eine zeitweilige Passivität für die Verstandestätigkeit mit sich bringt, sollte dem Willen die Freiheit einräumen, sich auf die praktischen Folgen der so wahrgenommenen Wahrheiten auszurichten und unser Leben in den Dienst einer inneren Harmonie mit ihnen zu stellen.

Diese Menschen, von denen es natürlich nur eine geringe Anzahl gibt, sind durchaus in der Lage, einen Artikel der «Summa Theologica» oder eine andere theologische Abhandlung mit innerem Gewinn zum Gegenstand ihrer

Betrachtung zu machen. Aber auch sie können sich nicht immer mit einem verstandesmäßigen Zugang zu den übernatürlichen Dingen begnügen. Für Theologen sollte eigentlich das innere Gebet zu einem Ausbruch aus ihrer spekulativen Tätigkeit werden, zu einer Oase liebender Willensbetätigung, in die sie sich nach ihrer Verstandesarbeit zurückziehen können. Auf jeden Fall stellt das Gebet der Liebe eine höhere Gebetsform dar als bloße geistige Erwägungen. Ungeachtet seines Ausgangspunkts mündet jedes innere Gebet in die Liebe.

Andere weniger spekulative Menschen nähern sich der Wahrheit auf dem Weg einer unmittelbaren Erkenntnis, indem sie sie in ihrer Fülle eher unter dem Bild der Schönheit als der Wirklichkeit sehen. Der Glanz, der von der geistlichen Erkenntnis des Wahren ausgeht, ist reines Licht, das die ganze Seele ergreift. Die sinnenhafte Schönheit verliert ihre Anziehungskraft für einen Menschen, der sich ganz in den «splendor veritatis», den Glanz der Wahrheit, die «ewig alte und ewig neue Schönheit» eingetaucht sieht, die schließlich dem Herzen eines Augustinus den ersehnten Frieden schenkte.

Die Mehrzahl der Menschen muß sich einer Meditationsform bedienen, deren Urgrund ziemlich ausschließlich im Bereich des Sinnenhaften liegt. Bei diesen Menschen kommt die Konzentration eher mit Hilfe eines geistigen Bildes zustande, und die Übung, die Ignatius von Loyola «Anwendung der Phantasie» nannte, bildet einen wesentlichen Bestandteil ihres inneren Gebets. Mit anderen Worten müssen sich diese Menschen einen konkreten Gegenstand für ihre Betrachtung wählen, beispielsweise eine Szene aus dem Evangelium, und versuchen, deren sinnenhafte Komponenten wirklichkeitsnah vor ihrem geistigen Auge erstehen zu lassen.

Das auf der Phantasie gründende Erfassen eines Betrachtungsgegenstandes verfolgt einen bestimmten praktischen Zweck. Hierdurch soll einer lebendigen geistlichen Begegnung mit Gott der Weg bereitet werden. Wenn wir das Evangelium meditieren, versetzen wir uns, soweit wir dies vermögen, in Jesu Gegenwart. Wir erwecken in unserem Herzen die Geöffnetheit, die wir, wie wir hoffen, besitzen würden, wenn wir in der historischen Wirklichkeit mit Ihm sprechen oder Seinen Worten zuhören könnten. Innerlich verhalten wir uns so, als pflegten wir mit unserem göttlichen Heiland persönlichen Umgang. Was Jesus vor zwei Jahrtausenden gesagt hat, ist auch jetzt noch gültig an uns gerichtet. Von Seiner körperlichen Gegenwart hier und jetzt als Mensch kann nicht die Rede sein. Aber als Gott ist Er uns gegenwärtig. Seine göttliche Natur, die die Mitte und Quelle unseres eigenen Seins ist, bildet auch den Kern Seines Mensch-Seins. Folglich ist uns der Christus, der im Evangelium spricht, in einem viel wahreren Sinn gegenwärtig als die Menschen unserer Umgebung, mit denen wir im alltäglichen Leben sprechen und verkehren.

Es ist deshalb keineswegs ein bloßes Spiel der Phantasie, wenn wir uns in einer Episode aus dem Neuen Testament in Christi Gegenwart versetzen. Wir sollten dabei jedoch nicht vergessen, daß es die Aufgabe dieser meditativen Einübung ist, uns zur Verwirklichung der göttlichen Tugenden des Glaubens, der Hoffnung und der Liebe anzuspornen, da sie die Grundlage für die übernatürliche Gegenwart Christi in unserer Seele bilden.

Deshalb sind auch Meditation, Empfang der Sakramente sowie liturgisches Beten praktisch auf das gleiche Ziel ausgerichtet: eine durch Gnade und Liebe vertiefte Vereinigung mit dem fleischgewordenen Wort, Jesus Christus, der der einzige Mittler zwischen Gott und dem Menschen ist.

Die eigentliche und ganz eigene Bedeutung des inneren Gebets beruht jedoch auf der Tatsache, daß es hier um etwas ganz Innerpersönliches geht und diese Form des Gebets auf der durch unsere individuellen Gegebenheiten bestimmten Grundlage eine uns entsprechende geistliche Entfaltung fördert. Das geistliche Leben verlangt von uns ein heroisches Ringen in der Einübung der Tugenden und in der Loslösung von der ungeordneten Liebe zu irdischen, geschaffenen Dingen. Wir werden nicht imstande sein, die Leidenschaft unseres natürlichen Verlangens zu überwinden und ihm zu entsagen, wenn wir nicht unabdingbar das Bewußtsein erlangen, einer besseren Realität zu begegnen. Unsere Liebe zu Gott bleibt kalt und abstrakt, wenn es uns nicht gelingt, das zentrale Merkmal ihres Anspruchs auf eine ganz starke Ich-Du-Beziehung zu begreifen. Hier auf Erden wird es uns nie vergönnt sein, in aller Bewußtheit nachzuvollziehen, was es bedeutet, in die Liebe der drei göttlichen Personen mit hineingenommen zu sein. Es ist jedoch leicht, die Liebe Gottes zu ermessen, wenn wir ihre Verwirklichung konkret in Jesu menschlicher Liebe zu uns erblicken. Hier bietet sich uns die beste Grundlage für ein Leben im Glauben, und darum sollte gerade diese Liebe den von uns bevorzugten Betrachtungsgegenstand bilden.

6. Zusammenfassung und Schluß

Die Meditation ist ein Werk des Geistes, und zuweilen ist es ein schweres Werk. Aber sie ist ein Werk der Liebe und des Verlangens. Gewiß kann die Meditation gerade zu Beginn nicht ohne Mühen eingeübt werden. Das Maß des Begehrens bestimmt das Maß der Lauterkeit, der Demut und der Beständigkeit unseres Trachtens. Unser Begehren jedoch ist eine Gabe der Gnade. Wer glaubt, meditieren zu können, ohne um die Gnade und das Verlangen danach zu bitten, gibt diesen Weg früher oder später wieder auf.

Doch sollten wir wissen, daß die Liebe zur Meditation und die Gnade, die uns ihr zuführt, die Verheißung weiterer Gnaden mitmeinen. Bei der Meditation wie bei allem anderen im Leben eines Christen kommt es ausschließlich darauf an, in welchem Maß wir auf die Gnade des Heiligen Geistes eingehen.

Der folgende Gedanke vermag vielleicht das Wesen der Meditation in seinem Kern zu erfassen: Es geht hier darum, unser inneres Selbst zu wecken und dieses in Einklang mit dem Heiligen Geist zu bringen, so daß wir imstande sind, unsere persönliche Antwort auf Seine Gnade zu geben. Wenn wir uns in die Meditation eingeübt haben, müssen wir versuchen, unsere geistliche Sensibilität, unsere innere Empfänglichkeit zu verfeinern und zu läutern. Wir müssen mit dem Wehen der Gnade mitschwingen, so unerwartet auch die Richtung zuweilen sein mag, die oft gar nicht in das Konzept unseres geistlichen Lebens hineinpaßt und unseren eigenen ehrgeizigen Wünschen durchaus nicht immer entspricht.

Wir müssen bereit sein, nicht nur die Gnaden, die uns trösten, sondern auch jene, die uns demütigen, nicht nur das Licht, das uns durchglüht, sondern auch das, welches unsere Selbstgefälligkeit ausglüht, in uns wirken zu lassen. Ein großer Teil der Kälte und Trockenheit unseres Gebetslebens deutet darauf hin, daß wir uns dem Anspruch der Gnade unbewußt versagen. Ohne es recht zu begreifen, geben wir unserer Natur die Möglichkeit, unsere Seele unempfindlich gegenüber solchen Gnaden zu machen, deren schmerzliche Wirkung wir vorausahnend erkennen.

Sodann muß die Meditation mit der Hingegebenheit an Gottes Willen und Wirken in völligen Einklang gebracht werden. Mit der Selbstverleugnung und dem Gehorsam gegenüber dem Heiligen Geist geht sie Hand in Hand. Die Meditation, der es nicht darauf ankommt, eine Verbindung herzustellen zwischen unserem Sein und dem Willen Gottes, verbleibt notwendigerweise im Bereich der Unfruchtbarkeit und der Abstraktion. Aber jedem aufrichtigen inneren Gebet, das sich in Lauterkeit nach dem einen, einzig wesentlichen Ziel, unserem Ja zu dem für uns bestimmten Willen Gottes, streckt, wird die Gnade als Antwort und Belohnung zuteil. Ein solches Beten bildet fraglos die Hauptquelle unserer Heiligung. Teresa von Ávila behauptet, daß jemand, der der Übung der Meditation treu bleibt, niemals seine Seele verlieren kann.

II. GEDANKEN EINES EINSIEDLERS

1. Blickpunkte des geistlichen Lebens

1.

Es gibt keinen gefährlicheren Leerlauf für das geistliche Leben, als sich an wirklichkeitsfremde Träumereien zu verlieren. Wenn geistliches Leben wahr, echt sein will, dann erhält und vertieft es seine Substanz aus den Wurzeln eines lebendigen Bezogen-Seins auf jene Realitäten, die von außen und «von oben» – aus dem übernatürlichen Bereich – in die menschliche Umgrenztheit hereintreten. Nährt sich unser Leben von der Speise der Unwirklichkeit, so zeigen sich bald die Anzeichen der Unterernährung; es verfällt und erlischt schließlich ganz. Es kann keine größere Tragik geben als die Verwechslung dieses unfruchtbaren Sterbens mit dem wahren, fruchtbringenden «Opfertod», der uns das Tor zum Leben öffnet.

Der Tod, der uns mitten hinein in das Leben führt, bedeutet keine Flucht vor der Wirklichkeit. Er ist vielmehr die völlige Darbringung unseres Selbst, die ein ganzheitliches Hingeordnet-Sein auf die Wirklichkeit voraussetzt. Am Anfang dieser Ganzhingabe steht die Loslösung von der Welt des Scheins, in die der Mensch die geschaffenen Dinge hineinprojiziert, wenn er sie ausschließlich mit dem Licht einer reinen Ichbezogenheit ausstrahlt.

Ehe wir jedoch zu erkennen vermögen, daß die geschaffenen Dinge unwirklich sind, vor allem die, welche dem materiellen Bereich angehören, ist es wesentlich, uns ihrer Wirklichkeit eindeutig bewußt zu werden.

Die «Unwirklichkeit» der materiellen Dinge ist lediglich auf dem Hintergrund der umfassenden Wirklichkeit der geistlichen Dinge verständlich.

Unser Losschälen von den Geschöpfen beginnt in dem Augenblick, da wir sie frei geben und sie in ihrem So-Sein nicht antasten. Nur so vermögen wir, in ihre Wirklichkeit, ihr ureigenstes Wesen, ihr wahres Sein vorzustoßen, das sich uns lediglich dann offenbart, wenn unser Blick sich der geschaffenen Wesen nicht länger bemächtigt, so daß ein Schauen in der Perspektive möglich wird. Aber erst dann wird unser Sehen perspektivisch, wenn wir aufhören, die Geschöpfe in der Umarmung unserer Ichbezogenheit zu halten. Lassen wir jedoch von ihnen, dann beginnen wir, ihres wahren Wesens innezuwerden. Erst dann löst sich langsam die Binde von unseren Augen, so daß sich uns Gott in den geschaffenen Dingen offenbart. Solange es uns versagt bleibt, den Schöpfer in den Geschöpfen zu erblicken, können wir den Pfad des dunklen Schauens nicht betreten, an dessen Ziel wir ihrer in Ihm ansichtig werden.

In der Vorstellungswelt der Wüstenväter hatte Gott, als Er die Wüste schuf, diese mit einem kostbaren Wert beschenkt. Dieser Wert kann allein mit den Augen des Schöpfers betrachtet werden, da die Einöde für den Menschen den Inbegriff aller Wertlosigkeit darstellt. Die Wüste war ein Land, an dem sich menschliche Nutzbarmachung niemals vergreifen konnte. Hier wurde dem Menschen nichts geboten; hier war nichts, das ihn hätte fesseln können; hier war nichts «zu holen»! Vierzig Jahre hatte die Wanderung des auserwählten Volkes durch die Wüste gedauert; einzig Gott allein war diesem Volk zur sorgenden Mutter geworden. Innerhalb weniger Monate hätten die Israeliter das Gelobte Land erreichen können, wenn sie auf dem direkten Weg dorthin gegangen wären. Doch Gott wollte es anders: Er wollte, daß sie Ihn in dieser

Einöde lieben lernten und daß sie auf diese Wanderung durch die Wüste als auf eine erinnerungssüße Zeit der Einsamkeit, der Vereinigung mit Ihm – einzig und allein mit Ihm – zurückblicken sollten.

Die Einöde wurde geschaffen, um schlechthin sie selbst zu sein und nicht, um von Menschenhand in etwas anderes umgebildet zu werden. Mit Bergen und Meeren verhält es sich nicht anders. Deshalb bietet allein die Wüste die einzig denkbare Wohnstatt für den Menschen, der danach trachtet, nichts anderes als er selbst zu sein, was, anders ausgedrückt, heißen soll: ein Geschöpf der Einsamkeit also, der Armut, ja der völligen Verwiesenheit auf niemanden als auf Gott, mithin ein Wesen, bei dem kein vermessenes eigenes Planen, einem Alibi gleich, sich zwischen dem Geschöpf und seinem Schöpfer breit macht.

So viel zu der rein geistlichen Schau der Wüste. Doch lassen sich weitere Gesichtspunkte, die in stärkerem Maße der rein metaphysischen Ebene angehören, anführen. Einerseits ist da die Wüste das Land des Wahnsinns. Andererseits bildet sie die Zufluchtsstätte des Teufels, der, «in die oberägyptische Einöde vertrieben», «an den Stätten der Dürre umherirrt». Der Durst treibt den Menschen zum Wahnsinn; und selbst der Teufel wird vom Wahnsinn zerquält, der seine Ursache hat in jenem Durst nach seiner eigenen verlorenen Menschlichkeit, deren er beraubt wurde, da er sie gleich einer Festung um sich herumbaute, in der er sich selbst einschloß, um alles andere auszusperren.

Doch werfen wir einen Blick auf die Wüsten von heute! Was ist aus den Wüsten von damals geworden? Sie haben sich in die Geburtsstätten einer neuen, Schrecken erregenden Schöpfung verwandelt, in die Versuchsgelände einer Energie, mit deren Hilfe der Mensch versucht, das ungeschaffen zu machen, auf dem Gottes Segen ruht. Heute, in der Epoche der bedeutendsten menschlichen Errungenschaften auf dem Gebiet der Technik, enthüllt sich das wahre Antlitz der Wüste. Der Mensch bedarf seines Gottes nicht mehr. Dank eigener Hilfsquellen ist es ihm nunmehr möglich, in der Wüste zu leben. Dort kann er jetzt seine vermessenen, abgesicherten Hochburgen der dunklen Abgeschiedenheit, des Experimentierens, ja des Lasters errichten. Diese gleißenden Städte, die über Nacht aus dem Boden der Wüste emporschießen, sind keine Abbilder jener Gottesstadt mehr, die vom Himmel auf die Erde herabsteigt, um die ganze Welt mit dem strahlenden Licht des Friedens zu erfüllen. Ja, ihre Aufbauten stellen nicht einmal eine Nachahmung des Turmbaus von Babel dar, der sich einst in der Wüste von Senaar erhob, auf daß «dessen Spitze bis an den Himmel reiche und der Mensch sich einen Namen mache» (Gen 11,4). Es sind Städte düsterer Geheimnisse, wo der Bruder den Mitbruder mit Argwohn verfolgt; Städte, durch deren Adern, künstlichem Blut gleich, der Mammon rollt; Städte, aus deren Schoß das letzte und grauenvollste Ungeheuer der Zerstörung geboren wird.

Bringen wir es fertig, dabei zu stehen und dem Emporschießen dieser Städte unbeteiligt, untätig zuzusehen ohne das Verlangen nach der Läuterung des eigenen Herzens? Wenn sich der Mensch mit seinem Mammon und seinen Maschinen in die Wüste aufmacht, um dort seine Wohnstatt aufzuschlagen, dort aber nicht mit dem Teufel ringt, wie es Christus getan hat, sondern vielmehr an Satans Verheißung der Macht und des Reichtums glaubt und vor Luzifers Wissen und Erkennen anbetend in den Staub sinkt, dann ist der Zeitpunkt gekommen, da die Wüste selbst auszieht aus ihrem Land, um auch den letzten Winkel dieser Welt zu durchsetzen, zu zersetzen. Dann kriecht der Wüstensand wahrlich in alle Poren der Erde. Über die ganze Welt hin ergießt sich dann das Reich der Einsamkeit, wo es dem Menschen aufgetragen ist, Buße zu tun, mit dem Widersacher zu ringen und mit der Gnade Gottes sein Herz zu läutern.

Die Verzweiflung hatte ihre Heimat in der Wüste. Nun aber ist sie aufgebrochen, um an allen Orten der Welt beheimatet zu sein. Niemals dürfen wir uns von der Annahme verleiten lassen, daß unsere innere Einsamkeit mit dem Ja zur eigenen Niederlage gleichzusetzen sei. Es gibt auch dann kein Entrinnen, wenn wir im stummem Ja der Verzweiflung zum Opfer fallen. Die Verzweiflung ist ein Abgrund, der ins Bodenlose reicht. Wir dürfen nicht meinen, ihn füllen zu können, indem wir uns der Verzweiflung preisgeben oder zu vergessen suchen, daß wir ihr unser Jawort gegeben haben.

Unsere Wüste besteht also darin, im Angesicht der Verzweiflung zu leben, jedoch ohne daß unser Mund das Jawort zu ihr spricht; sie unter dem Fuß unserer auf das Kreuz gesetzten Hoffnung zu zertreten und pausenlos mit ihr zu ringen. Dieser Kampf ist unsere Einöde. Stellen wir uns ihm mit Mut, dann wird Christus uns mitstreitend zur Seite sein. Wenn wir jedoch die Waffen strecken, werden wir Christus niemals begegnen.

2.

Nicht seine Veranlagung ist dafür verantwortlich, ob der Mensch den Weg der Heiligkeit einschlägt oder ob er letzten Endes verworfen wird. Jede Veranlagung kann dem Menschen zum Heil oder zum Unheil gereichen. Wir sollten uns der Tatsache bewußt sein, daß die Veranlagung ein Geschenk von Gott ist, ein Talent, das wir so lange benutzen, bis Er kommt. Es spielt keine Rolle, ob die Veranlagung, die uns mitgegeben wurde, schwierig oder wenig ansprechend ist. Wenn wir von dem, was wir besitzen, guten Gebrauch machen, wenn wir es ganz einem guten Wollen zur Verfügung stellen, erreichen wir mehr als derjenige, der zum Sklaven seiner Veranlagung wird, anstatt sie zu beherrschen und sich ihrer positiv zu bedienen.

Thomas von Aquin sagt (I-II, Frage 34, a.4), daß ein Mensch gut ist, wenn sein Wille an dem, was gut ist, Freude hat, und daß ein Mensch böse ist, wenn sein Wille an dem, was böse ist, Gefallen findet. Er ist ein heiler Mensch, wenn er sein Glück darin sucht, ein Leben der Vollkommenheit zu führen. Findet er jedoch Gefallen an einem Leben der Sünde, dann ist er sündig. Deshalb läßt sich aus dem, was wir lieben, schließen, was wir sind.

Man erkennt den Menschen also an seinem Ziel, jedoch auch an seinem Ausgangspunkt. Und wenn wir erkennen möchten, wo er zu einem gegebenen Zeitpunkt steht und wie es in ihm aussieht, brauchen wir lediglich in Erfahrung zu bringen, wie weit er von seinem Ausgangspunkt entfernt und wie nahe er seinem Ziel ist. Folglich ist derjenige, der trotz seiner selbst sündigt, seine Sünde aber nicht liebt, im eigentlichen Sinn des Wortes kein Sünder.

Der heile Mensch kommt von Gott und kehrt zu Ihm zurück. Die Gabe des Seins und die ihm von Gott verliehenen Fähigkeiten bilden seinen Ausgangspunkt. Beim Erreichen des vernunftsfähigen Alters beginnt er, Entscheidungen zu treffen, auszuwählen. Die Art seiner Entschlüsse hängt bereits zum großen Teil von den Ereignissen seiner ersten Lebensjahre sowie von der Veranlagung ab, die ihm mitgegeben worden ist. Seine Entscheidungen unterliegen auch weiterhin den Einflüssen, die von den Handlungen der Menschen seiner Umgebung, von der Entwicklung der Welt, in der er lebt, und von der Art seines gesellschaftlichen Milieus ausgehen. Und doch gründet die Wahl, die er trifft, im wesentlichen auf der Freiheit.

Die menschliche Freiheit wird jedoch nicht in einem

moralischen Vakuum realisiert. Außerdem ist es keinesfalls erforderlich, einen solchen luftleeren Raum künstlich zu erzeugen, um dadurch die Freiheit unseres Handelns zu gewährleisten. Äußerer Zwang, starke, von der Veranlagung bestimmte Neigungen und Leidenschaften üben keinerlei einschneidenden Einfluß auf den Wesenskern unserer Freiheit aus. Sie grenzen lediglich die Verwirklichung unserer inneren Freiheit ab, indem sie ihr gewisse Beschränkungen auferlegen. Sie verleihen ihr einen ganz eigenen Charakter.

Ein der Veranlagung nach zorniger Mensch neigt vielleicht leichter zum Zorn als ein anderer. Doch solange er in den von der Vernunft gesteckten Grenzen bleibt, bleibt ihm die Freiheit, sich für oder wider den Zorn zu entscheiden. Bei seinem Hang zum Zorn handelt es sich lediglich um einen Zug seines Charakters, der letztlich seiner Willensentscheidung unterliegt, der es allein vorbehalten ist, ihn zum Guten oder zum Bösen zu entfalten. Wenn der Mensch nach dem trachtet, was böse ist, dann wird seine Veranlagung zu einer Waffe des Bösen, die er gegen andere Menschen, aber genausogut auch gegen sich selbst wenden kann. Ist sein Wille jedoch dem Guten zugekehrt, dann kann seine Veranlagung zum beherrschten Mittel im Kampf gegen das Böse werden, das in ihm ist, aber auch zu einer Hilfe für die anderen Menschen, die Schwierigkeiten, denen sie in der Welt begegnen, besser zu überwinden. Dem Menschen bleibt letztlich die Entscheidung vorbehalten, das Gute oder das Böse zu wollen.

Es wäre absurd, anzunehmen, daß das Gefühl im geistlichen Leben fehl am Platze ist, weil es zuweilen die Verstandestätigkeit beeinträchtigt. Jedoch hat Christ-Sein nichts mit Stoizismus zu tun. Das Kreuz heiligt uns nicht, indem es das menschliche Gefühl vernichtet. Loslösung darf nicht mit Gefühllosigkeit verwechselt werden. Viele Asketen haben die Palme der Heiligkeit nicht empfangen, weil ihre Regeln und asketischen Übungen ihre Menschlichkeit einfach im Keim erstickten, anstatt sie für eine reiche Entfaltung ihrer Fähigkeiten unter dem Einfluß der Gnade freizugeben.

Ein Heiliger ist ein Mensch im Vollbesitz seiner Menschlichkeit. Er ist ein Tempel des Heiligen Geistes. In seiner ihm ganz eigenen Art ist er gleichsam eine Nachbildung jener Ausgewogenheit, Vollkommenheit und Harmonie, wie wir sie im menschlichen Charakter Jesu Christi finden. Die mit dem göttlichen Wort hypostatisch vereinigte Seele Jesu befindet sich gleichzeitig und ohne jeglichen Bruch im Vollbesitz der klaren Anschauung Gottes und der alltäglichsten, einfachsten und innigsten menschlichen Gefühle wie Zuneigung, Mitleid und Schmerz; Glück, Freude und Kummer; Entrüstung und Staunen; Müdigkeit, Angst und Furcht; Frieden und Trost.

Wenn wir keine menschlichen Gefühle haben, vermögen wir Gott nicht so zu lieben, wie wir Ihn lieben sollen: nämlich als Menschen. Wenn wir uns dem Gefühl menschlicher Zuneigung versagen, können wir von Gott nicht so geliebt werden, wie Er uns hat lieben wollen: nämlich mit dem Herzen des Menschen Jesus, der Gott ist, der Sohn Gottes, der gesalbte Christus.

Aus diesem Grund muß das Leben der Askese in all seinen Entwicklungsstufen die Veranlagung, den Charakter, das Gefühl sowie all das, was den Menschen erst menschlich macht, sehr hoch bewerten. Diesen ganzen Faktoren ist eine starke persönlichkeits- sowie heiligkeitsbildende Kraft zuzuschreiben. Der Heilige ist nämlich ein Mensch, den Gott zu seiner vollen Entfaltung als Person im Abbild und Gleichnis seines Schöpfers geführt hat.

Die Beherrschung unserer Empfindungswelt mit Hilfe der Selbstverleugnung trägt dazu bei, unser Gefühlsleben zu vertiefen und zu verfeinern. Es wird durch die asketische Zucht nicht gelähmt. Ist dies aber doch der Fall, dann hat sie ihren Zweck verfehlt. Wenn uns wirklich daran gelegen ist, uns selbst zu verleugnen, entzieht uns unsere Entsagung zuweilen auch jene Dinge, deren wir eigentlich bedürfen. Gerade hier macht sich unsere menschliche Verwiesenheit zweifellos bemerkbar.

Der Mensch kann dem Leid nicht ausweichen. Doch zielt der Angriff des Verzichts auf die Sinne, auf das Gefühlsleben, die Phantasie, auf das Urteil und auf den Willen darauf ab, all diese Komponenten des Mensch-Seins zu bereichern und zu läutern. Eine ungeordnete Vergnügungssucht stumpft unsere fünf Sinne ab. Die asketische Zucht jedoch gibt ihnen ihre ursprüngliche Wachheit und natürliche Lebendigkeit zurück, ja, mehr noch! Sie erhellt den Blick des Gewissens und der Vernunft. Sie verhilft uns zu klarem Denken und einem gesunden Urteil. Sie festigt die Betätigung unseres Willens. Sie verfeinert den Wert unserer Gefühle. Gerade der Mangel an Selbstbeherrschung und Selbstbescheidung ist für die Mittelmäßigkeit weiter Strecken religiöser Kunst und Literatur und für die Sentimentalität so vieler Gebete und frommer Menschen verantwortlich.

Manch einer wendet sich in einer Anwandlung von heroischer Verzweiflung von all dieser billigen Schwülstigkeit und Gefühlsbetontheit ab, um Gott in einer Einöde zu suchen, in der nichts wächst, wovon sich die Gefühle ernähren könnten. Vielleicht ist aber auch diese Verhaltensweise falsch. Denn wenn unsere Empfindungen wirklich in der Wüste sterben, dann geht unser Mensch-Sein mit ihnen zugrunde. Wir müssen wie Jesus oder Johannes der Täufer aus der Wüste zurückkehren: mit einem vertieften, verfeinerten Empfindungsvermögen, gegen die Verlockungen der Lüge gestärkt, gegen die Anfechtung gewappnet: innerlich gereift, geprägt, geläutert.

3.

Das geistliche Leben ist kein rein geistiges Leben. Es wird nicht ausschließlich vom Geist bestimmt. Natürlich ist es auch nicht mit dem Sinnes- oder Gefühlsleben identisch, das die geistlichen oder göttlichen Dinge «spürbar» erfährt. Gleichzeitig jedoch schließt das geistliche Leben Fühlen und Denken keineswegs aus. Es ist kein Leben, dessen Schwerpunkt sich auf der «Spitze» der Seele befindet, kein Leben, das den Geist, die Phantasie, den Leib verneint! Wäre dem so, dann gäbe es nur wenige, die imstande wären, ein solches Leben zu führen. In einem solchen Fall wäre das geistliche Leben gar kein Leben. Wenn der Mensch leben soll, muß alles an ihm und in ihm lebendig sein: der Leib, die Seele, der Verstand, das Herz, der Geist. Und all diese verschiedenen Manifestationen des Mensch-Seins müssen durch die Einwirkung der göttlichen Gnade auf eine höhere Seinsebene emporgehoben und in Liebe und Glauben umgewandelt werden.

Der Versuch, mit Hilfe des bloßen «Denkvorgangs» nachzudenken, ist zwecklos. Noch schlimmer ist es, wenn die Meditation lediglich aus einer Fülle aneinandergereihter Worte und Gemeinplätze besteht.

Ein rein geistiges Leben kann zerstörend wirken, wenn es dazu führt, daß wir Leben durch Denken und Handlungen durch Ideen ersetzen. Das menschliche Tun ist nicht ausschließlich geistiger Art; denn der Mensch ist ja im Grunde nicht etwa ein leibloser Geist. Unsere Bestimmung besteht darin, das, was wir denken, im Leben auszutragen; denn wenn wir das, was wir erkennen, nicht leben, versagt sich uns sogar die echte Erkenntnis. Nur wenn unsere Erkenntnis durch unser Handeln zu einem Teil unserer selbst wird, gelangen wir zu der von unserer Begriffswelt eingefangenen Wirklichkeit.

Wie ein vernunftbegabtes Tier zu leben, bedeutet nicht,

wie ein Mensch zu denken und wie ein Tier zu leben. Wir müssen wie Menschen denken und leben. Es käme einem Selbstbetrug gleich, wenn wir versuchen würden, so zu leben, als ob die beiden abstrakten Komponenten unseres Mensch-Seins (Vernunft und Tierhaftigkeit), getrennt voneinander, eigentlich als zwei verschiedene konkrete Wirklichkeiten existierten. Wir stellen eine Einheit von Leib und Seele dar. Wenn wir diese Tatsache in unserem Leben nicht ernst nehmen, müssen wir sterben.

Leben ist kein Denken. Unser Denken wird von einer außerhalb unserer selbst liegenden Wirklichkeit geformt und geleitet. Unser Leben ist die fortwährende Anpassung des Denkens an das Leben und des Lebens an das Denken, und zwar so, daß wir jederzeit daran wachsen, indem wir Neues im Alten und Altes im Neuen erfahren. Auf diese Weise ist das Leben immer neu.

4.

Der Ausdruck «Selbstüberwindung» kann zuweilen einen recht unangenehmen Beigeschmack bekommen; denn nur allzu oft ist damit nicht die Überwindung unserer selbst, sondern der mittels eigener Kraft durch uns selbst errungene Sieg gemeint. Was wird letzten Endes besiegt? Auf jeden Fall ist unser Ich das, was nicht besiegt wird.

Echte Selbstüberwindung bedeutet einen Sieg über uns selbst, den nicht wir, sondern der Heilige Geist erringt. Wenn wir uns wirklich selbst überwinden, dann werden wir ja im Grunde überwunden.

Doch bevor unser Selbst bereit ist, sich überwinden zu lassen, sich auszuliefern, müssen wir zunächst wir selbst werden. Denn niemand kann etwas hingeben, aufgeben, was er nicht vorher selbst besitzt.

Genauer gesagt, bedeutet das: Wir müssen uns selbst in

ausreichendem Maße beherrschen, um unseren Willen in die Hände Jesu Christi legen zu können – auf daß Er jenen Sieg erringen möge, den unsere eigene Kraft nicht an ihre Fahnen zu heften vermag.

Um zur Selbstbeherrschung zu gelangen, bedarf es einiger Zuversicht und Hoffnung auf den Sieg. Um diese Hoffnung wach zu halten, ist das Vorgefühl, der Vorgeschmack des Sieges erforderlich. Uns muß ganz klar werden, was es bedeutet zu siegen, und dieses Bewußtsein muß uns näher sein als der Gedanke an eine Niederlage.

Da, wo jemand dem abstrakten Begriff einer Tugend nachjagt, einer Eigenschaft also, die er nicht konkret erlebt, hat die Hoffnung keinen Ansatzpunkt. Der Vorzug, den er der Tugend vor ihrem Gegenteil, dem Laster, gibt, wird von ihm nicht mit ausreichendem Ernst betrachtet, ganz gleich, wie heftig er das Laster auch ablehnen mag.

Jedem von uns ist das instinktive Bedürfnis, das Gute zu tun und das Böse zu meiden, zu eigen. Doch bleibt dieses Verlangen unfruchtbar, solange wir nicht spürbar erfahren haben, was es bedeutet, wahrhaft gut zu sein.

(Viele Menschen guten Willens werden durch den instinktiven Widerwillen gegen die unechten Tugenden derer, denen ein Leben der Heiligmäßigkeit nachgesagt wird, von ihrem Bedürfnis, Gutes zu tun, abgeschreckt. Gerade Sünder haben einen scharfen Blick für unechte Tugenden und eine recht anspruchsvolle Auffassung davon, wie die Tugend eines guten Menschen im Grunde auszusehen hat. Wenn sie in den Menschen, die für gut gehalten werden, lediglich eine «Tugend» erblicken, die in der Tat längst nicht so lebensfrisch und so attraktiv ist wie ihre eigenen Laster, dann folgern sie daraus, daß es mit der Tugend eigentlich nicht so viel auf sich hat. Und so halten sie sich an das, was sie haben, obwohl sie es auf dem Grunde ihres Herzens verabscheuen.)

Was ist jedoch, wenn wir keinerlei Tugenden besitzen?

Wie gelangen wir dann zu ihrer unmittelbaren Erfahrung? Durch Jesus Christus, unseren Herrn, bewirkt die Gnade Gottes in uns ein Verlangen nach Tugend, das die konkrete Erfahrung der Tugend bereits vorwegnimmt. Gott verleiht uns die Fähigkeit, die Tugend zu «lieben», bevor wir in ihren vollen Besitz gelangen.

Gleich den im Fleisch der Eichel vorgebildeten Blättern und Zweigen der Eiche enthält die Gnade, die Liebe ist, in verhüllter, mittelbarer Form alle Tugenden. Eine Eichel zu sein, bedeutet, das Bewußtsein dessen zu haben, was eine Eiche ist. Die heiligmachende Gnade bringt in ihrem Geleit alle christlichen Tugenden in keimhaftem Zustand mit.

Die helfende Gnade bewirkt, daß wir diese verborgenen Kräfte nutzbar machen und uns so ihrer Bedeutung bewußt werden: Christus wird in uns wirksam.

Die Freude an einer guten Tat ist etwas, dessen man sich gerne erinnert, nicht, um unserer Selbstgefälligkeit zu frönen, sondern um uns mit Nachdruck vor Augen zu halten, daß gute Taten nicht nur möglich sind und ihren Wert haben, sondern daß sie leichter, freudespendender, fruchtbringender werden können als ungute Handlungen, die sie zu durchkreuzen und zu vereiteln suchen.

Eine falsche Demut sollte uns die Freude am Sieg nicht verderben, auf den wir angelegt und für unser geistliches Leben, zumal am Anfang, angewiesen sind.

Später bleiben vielleicht Unzulänglichkeiten zurück, deren Überwindung uns nicht gelingen will – damit wir mit der nötigen Demut ohne eine siegesbewußte Selbstgefälligkeit gegen einen scheinbar unbezwingbaren Gegner kämpfen können. Auch der Verzicht auf die Freude an guten Taten kann uns abverlangt werden, damit wir uns klar darüber werden, daß es mehr ist als die Freude an guten Handlungen, was uns zu solchem Tun bestimmt. Ehe wir jedoch einer jeden dieser Freuden zu entsagen vermögen, müssen sie uns erst in ihrer Fülle zuteil geworden sein. Im Anfang ist die Freude an der Selbstüberwindung notwendig. Schrecken wir deshalb nicht vor ihr zurück.

5.

Trägheit und Feigheit bilden zwei der größten Hindernisse für das geistliche Leben. Sie werden am gefährlichsten, wenn sie unter dem Deckmantel der «Discretio» auftreten. Eine derartige Tarnung wäre nicht so folgenschwer, wenn nicht gerade die «Discretio» zu den wesentlichsten Tugenden eines geistlichen Menschen gehörte. Gerade die Discretio muß uns nämlich den Unterschied zwischen Feigheit und Discretio nahebringen.

Mit Hilfe der Discretio vermögen wir zu unterscheiden, was Gott von uns verlangt und was Er nicht von uns fordert. Somit weist sie uns auf unsere Verpflichtung hin, den Eingebungen der Gnade zu entsprechen und allen Anzeichen des göttlichen Willens Folge zu leisten.

Trägheit und Feigheit reden nicht der Liebe zu Gott, sondern unserem bequemen Eingerichtet-Sein das Wort. Trägheit und Feigheit bedrücken den Menschen mit jener Angst vor der Zukunft, die ihn des Gottvertrauens beraubt.

Die Discretio bewahrt uns vor sinnlosen Anstrengungen; die Feigheit jedoch hält jegliches Bemühen für zwecklos. Mit Hilfe der Discretio wissen wir, wo das Bemühen umsonst und wann es eine Pflicht ist.

Die Trägheit scheut jedes Wagnis. Die Discretio geht nur dem überflüssigen, ganz sinnlosen Risiko aus dem Weg. Sie drängt uns jedoch, es mit den Wagnissen aufzunehmen, die uns der Glaube und die göttliche Gnade aufgeben. Als Jesus sagte, daß das Himmelreich Gewalt leidet, meinte Er damit, daß man nur dann in dessen Besitz gelangen kann, wenn man bereit ist, den Preis des Wagnisses zu bezahlen.

Und wenn wir in der Nachfolge Christi stehen, werden wir früher oder später alles aufs Spiel setzen müssen, um alles zu gewinnen. Wir spielen unseren Einsatz mit dem Unsichtbaren, und wir müssen dabei alles, was wir sehen, empfinden, begreifen können, in die Waagschale werfen. Wir sind uns jedoch dessen bewußt, daß sich der Einsatz lohnt; es gibt nämlich nichts Ungewisseres als diese unsere vergängliche Welt. «Denn die Gewalt dieser Welt vergeht.» (1 Kor 7,31)

Wenn wir mutlos sind, werden wir niemals in den Besitz echter Einfachheit gelangen. Die Feigheit hält uns in einer «doppelten Gesinnung», in einer «Zwiefachheit» gefangen, in der wir zwischen der Welt und Gott zaudernd hin und her schwanken. Eben diese Ungewißheit, diese Entscheidungslosigkeit gründet nicht auf einem echten Glauben. Hier wird der Glaube zu einer vagen Meinung abgewertet. Niemals erlangen wir Gewißheit; denn niemals sind wir letzten Endes bereit, Gott als allmächtigen Herrn anzuerkennen, da Er ja nicht greifbar, nicht sichtbar ist. Eben diese Unfähigkeit zur Entscheidung bedeutet den Tod der Hoffnung. Nie sind wir bereit, auf die sichtbaren Anker zu verzichten, von denen wir doch ganz genau wissen, daß sie eines Tages ganz gewiß versagen müssen. In diesem Zagen und Zaudern wird echtes Beten unmöglich; in einer solchen Unentschiedenheit wagt der Mensch nicht, fehlt ihm der Mut, um etwas zu bitten. Wenn er aber doch etwas von Gott erlangen will, befällt ihn eine solche Ungewißheit, ob er wohl erhört wird, daß er schon im Augenblick des Bittens mit den Mitteln menschlicher Vernunft und Klugheit verstohlen versucht, sich selbst eine Behelfsantwort zu konstruieren. (Vgl. Jak 1,5–8)

Welchen Sinn und Zweck hat also das Gebet, wenn wir bereits bei der Formulierung unserer Bitte so wenig Gottvertrauen besitzen, daß wir uns ernsthaft darum mühen, uns unsere eigenen Antworten auf unser Gebet zurechtzulegen?

6.

Außerhalb der Liebe Jesu Christi besteht kein echtes geistliches Leben. Nur weil uns Christus liebt, sind wir eines geistlichen Lebens fähig. Das geistliche Leben besteht darin, den Heiligen Geist und Seine Liebe zu empfangen, weil das göttliche Herz Jesu Christi es in Seiner Liebe beschlossen hat, daß wir durch Seinen Geist leben: durch den gleichen Geist, der vom Wort und vom Vater ausgeht und der Jesu Liebe zum Vater ist.

Wenn wir nur ein wenig von der Größe der Liebe Jesu Christi zu uns Menschen begreifen, gehen wir ohne Furcht in unserer ganzen Armseligkeit, in unserer ganzen Schwachheit, in unserer ganzen inneren Not und Ohnmacht zu Ihm. Ja, wenn wir wirklich spüren, wie Er uns im Grunde liebt, kommen wir lieber arm und hilflos zu Ihm. Dann schämen wir uns auch unserer inneren Not nicht mehr. Wenn wir einzig und allein Seine Barmherzigkeit suchen kommen, ist unser Elend nicht länger etwas Negatives. Wir frohlocken über unsere Hilflosigkeit, wenn wir den festen Glauben haben, daß unsere Schwachheit Seine Macht verherrlicht.

Das sicherste Anzeichen dafür, daß uns ein innerliches Begreifen der Liebe Gottes zu uns zuteilgeworden ist, besteht im Bewußtsein unserer Armut im Licht Seiner unendlichen Barmherzigkeit.

Wir müssen unsere Armut lieben, wie Jesus sie liebt. So kostbar ist sie Ihm, daß Er am Kreuz starb, um sie vor Seinen Vater zu bringen, und uns so der überströmenden Herrlichkeit Seines grenzenlosen Erbarmens teilhaftig werden ließ.

Wir müssen die Armut der anderen lieben, wie Jesus sie liebt. Wir müssen die anderen mit dem Blick Seines Erbarmens anschauen. Doch vermögen wir nur dann den Mitbrüdern gegenüber Barmherzigkeit zu üben, wenn wir bereit sind, Erbarmen und Vergebung für unsere Sünden von ihnen zu empfangen.

Wir können eigentlich nicht richtig verzeihen, wenn wir nicht selber erfahren haben, was es darum ist, wenn uns vergeben wird. Deshalb sollten wir frohen und dankbaren Herzens sein, daß wir von unseren Brüdern Verzeihung erlangen können. Unsere Vergebung untereinander tut die Liebe Jesu Christi zu uns kund; denn indem wir einander verzeihen, vollziehen wir das, was auch Jesus Christus an uns vollzogen hat.

7.

Der Christ ist ein Mensch, der völlig außerhalb seiner selbst in Christus lebt. Er lebt im Glauben an seine Erlösung, in der Liebe zu seinem Heiland, der uns, für die Er gestorben ist, liebt. Er lebt vor allem in der Hoffnung auf eine zukünftige Welt.

Die Hoffnung ist das Geheimnis einer echten Askese. Sie führt unser Denken und Trachten ad absurdum und spricht ein klares Nein zu der Welt in ihrem gegenwärtigen Zustand, nicht weil wir oder die Welt böse sind, sondern weil wir nicht vermögen, das Beste aus dem Guten in uns und in der Welt zu machen. Doch in der Hoffnung frohlocken wir. In der Hoffnung empfinden wir Freude an den geschaffenen Dingen. Hier frohlocken wir nicht in dem, was sie an sich, sondern was sie in Christus sind: voller Verheißung nämlich. Das Gute in allen Dingen zeugt davon, daß Gott gut ist; und Sein Gut-Sein ist das Unterpfand Seiner Treue zu Seinen Verheißungen. Er hat uns einen neuen Himmel und eine neue Erde und das

Leben der Auferstehung in Christus verheißen. Aller Verzicht, der nicht letztlich auf diese Seine Verheißungen hingeordnet ist, ist nicht in vollem Maße christlich.

«Mein Herr: Ich habe keine Hoffnung außer der auf Dein Kreuz. Durch Deine Erniedrigung, Deine Passion, Deinen Tod hast Du mich von allem eitlen Hoffen erlöst. In Dir selbst hast Du alles Eitle dieses Lebens getötet, und in Deiner Auferstehung von den Toten hast Du mir alles, was ewig ist, geschenkt. Warum sollte ich reich sein wollen, da Du arm warst? Warum sollte ich danach trachten, in den Augen der Menschen etwas zu gelten, angesehen und mächtig zu sein, wenn die Söhne derer, die die falschen Propheten priesen und die wahren steinigten, Dich verwarfen und ans Kreuz nagelten? Warum sollte ich in meinem Herzen eine mich verzehrende Hoffnung nähren, die Hoffnung auf Glückseligkeit in dieser Welt, wenn diese zur Vergänglichkeit verurteilte Hoffnung nichts als Verzweiflung ist?

Meine Hoffnung baut auf das, was das Auge nie gesehen hat. Deshalb laß mich mein Vertrauen nicht auf sichtbaren Lohn setzen. Mein Hoffen ist auf das gerichtet, was das Menschenherz nicht zu erspüren vermag. Laß mich darum nicht den Gefühlen meines Herzens vertrauen. Ich setze meine Hoffnung auf das, was eines Menschen Hand noch nie berührt hat. Nimm mir das Vertrauen zu dem, was ich mit den Händen greifen kann. Der Tod wird meinen Griff lösen, und dann ist mein eitles Hoffen versiegt.

Gib mir Kraft, daß ich Deinem Erbarmen vertraue und nicht mir selbst. Laß meine Hoffnung in Deiner

Liebe ruhen, nicht in Gesundheit, Kraft, Fähigkeiten und menschlichen Mitteln.

Wenn ich mein Vertrauen auf Dich setze, verwandelt sich mir alles andere in Gesundheit, Kraft und Halt. Alles führt mich dann himmelswärts. Wenn ich Dir nicht vertraue, wirkt alles mein Unheil.»

8.

Alle Sünde ist eine Strafe für die Ursünde, in der der Mensch Gott nicht erkannte. Mit anderen Worten: Alle Sünde stellt eine Bestrafung der Undankbarkeit dar. Wie Paulus im Römerbrief (Röm 1,21) sagt, huldigten die Heiden, obwohl sie Gott «erkannten», Ihm nicht, weil sie Ihm für die Gnade, Ihn zu erkennen, keinen Dank erwiesen.

Unsere Gotteserkenntnis vollendet sich in der Danksagung: Unser Herz ist mit Dankbarkeit erfüllt, und wir frohlocken im Bewußtsein der Wahrheit, daß Er die Liebe ist.

Die Eucharistie, – das Lob- und Dankopfer, – ist ein brennender Ofen des Gotterkennens; denn in dem Opfer, mit dem Jesus Seinem Vater Dank sagt, opfert und bringt Er sich zur Verherrlichung Seines Vaters und für die Erlösung von unseren Sünden ganz dar. Wenn wir Ihn in Seinem Opfer nicht erkennen, wie kann es uns dann zum Heil werden? «Erkenntnis Gottes ist mir lieber als Brandopfer.» (Hos 6,6) Wir erkennen Ihn nicht, wenn wir nicht danksagen und den Vater mit dem Sohn lobpreisen.

Zwischen Dankbarkeit und Undankbarkeit gibt es keine neutrale Zone. Wer nicht dankbar ist, findet bald Gelegenheit, sich über alles zu beklagen. Wer nicht liebt, haßt. Im geistlichen Leben gibt es so etwas wie Gleichgültigkeit gegenüber Liebe oder Haß nicht. Deshalb erregt die Lauheit, die sich als Gleichgültigkeit gibt, solchen Abscheu. Im Grunde handelt es sich hier um Haß, der die Maske der Liebe trägt.

Die Lauheit, in der das Herz weder «heiß noch kalt» ist – in der das Herz weder offen liebt noch offen haßt –, ist ein Zustand, in dem der Mensch Gott und Seinen Willen weit von sich weist, während er die Täuschung einer äußerlichen Fassade, Gott zu lieben, noch aufrecht erhält, um allen Komplikationen aus dem Weg zu gehen und die Achtung vor sich selbst nicht zu verlieren. Es handelt sich hier um einen Zustand, dem vor allem diejenigen leicht zum Opfer fallen, die Gottes Gnaden für eine Selbstverständlichkeit halten und aus lauter Gewohnheit undankbar sind. Ein Mensch, der wirklich auf Gottes Gut-Sein eingeht und sich für alles, was er empfängt, dankbar erweist, kann unmöglich ein lauer Christ sein. Echte und zur Schau getragene Dankbarkeit können nicht nebeneinander bestehen. Sie sind nicht miteinander vereinbar. Die Aufrichtigkeit findet sich ganz von selbst im Geleit der Dankbarkeit. Ist dies jedoch nicht der Fall, dann kann kaum von einer echten Dankbarkeit die Rede sein.

Und doch bedeutet Dankbarkeit mehr als eine reine Gedächtnisstütze, mehr als eine bloße Floskel. Wir dürfen uns nicht damit zufrieden geben, das, was Gott uns getan hat, leichthin in unserem Gedächtnis zu «registrieren», um Ihm dann einmal so nebenbei für die Güte, die Er uns erwiesen hat, zu danken!

Dankbar zu sein, bedeutet, Gottes Liebe in allem, was Er uns gegeben hat, zu erkennen; – und Er hat uns wahrlich alles gegeben –. Jeder Atemzug, den wir tun, ist ein Geschenk Seiner Liebe; jede Sekunde unseres Mensch-Seins ist eine Gnade; denn sie birgt eine Fülle kostbarer Gnaden. Aus diesem Grund findet die Dankbarkeit nichts selbstverständlich. Deshalb läßt sie auch die Gnade nicht ohne Antwort und erwacht immer wieder zu neuem

Staunen und Lobpreis im Anblick des göttlichen Gut-Seins. Der dankbare Mensch weiß, nicht vom Hörensagen, sondern aus eigener Erfahrung, daß Gott gut ist. Das macht den wesentlichen Unterschied aus.

9.

Was bedeutet es, mein eigenes «Nichts» zu erkennen und zu erfahren?

Es genügt nicht, wenn ich mich mit Abscheu von meinem Selbstbetrug, meinen Fehlern und Unvollkommenheiten abwende und mich von ihnen lossage, als gäbe es sie nicht und als wäre ich nicht der, der ich bin! Diese Form der Selbstzerstörung ist eine noch weit schlimmere Form des Selbstbetrugs, eine lediglich zur Schau getragene Demut, die, wenn sie sagt «ich bin nichts», im Grunde damit meint: «Ich wollte, ich wäre nicht, was ich bin».

Dieser Verhaltensweise mag ein lebhaftes Bewußtsein unserer Unzulänglichkeiten und Hilflosigkeit zugrunde liegen; sie bringt uns jedoch keinen inneren Frieden. Um unser «Nichts» wahrhaftig zu erkennen, müssen wir es auch lieben. Und wir vermögen es nicht zu lieben, wenn wir nicht begreifen, daß es gut ist. Und die Einsicht, daß es gut ist, bleibt uns unzugänglich, wenn wir es nicht in seinem So-Sein annehmen.

Die übernatürliche Erfahrung unserer Begrenztheit führt zu einer Demut, die über alles andere hinaus den Zustand unserer ethischen und metaphysischen Hilflosigkeit in der Konfrontation mit Gott liebt und anerkennt.

Um also in diesem Sinn unser «Nichts» zu lieben, dürfen wir nichts verwerfen, was unser eigen ist, nichts, was wir besitzen, nichts, was wir sind. Wir müssen einsehen und zugeben, daß dieses «Nichts» uns ganz gehört und daß es vollkommen gut ist, gut in seinem positiven Wesenskern, da es von Gott kommt, gut auch trotz unserer Unzulänglichkeiten, da unsere Hilflosigkeit, ja unsere moralische und geistliche Not das göttliche Erbarmen auf uns herabziehen.

Um unser Nichts zu lieben, müssen wir alles in uns lieben, was der stolze Mensch liebt, wenn er sich selbst liebt. Doch ist der Grund für diese unsere Liebe ein völlig anderer als der, welcher den stolzen Menschen zur Liebe veranlaßt.

Um unser nichts zu lieben, müssen wir uns selbst lieben.

Der hochmütige Mensch liebt sich selber, weil er annimmt, daß er es um seiner selbst willen verdient hat, geliebt, geschätzt und geehrt zu werden. Er bildet sich ein, er müsse von Gott und von den Menschen geliebt werden. Er glaubt, mehr als alle anderen ein Anrecht auf Liebe, Verehrung und Achtung zu besitzen.

Auch der demütige Mensch liebt sich selber und trachtet danach, geliebt und geachtet zu werden, jedoch nicht, weil Liebe und Verehrung *ihm zustehen*, sondern weil sie *ihm nicht zustehen.* Ihm ist daran gelegen, von Gottes Erbarmen geliebt zu werden. Er sehnt sich nach dem liebreichen und hilfsbereiten Entgegenkommen seiner Mitmenschen. Da er weiß, daß er nichts hat, weiß er auch, daß er in allem bedürftig ist. Und so scheut er sich nicht, um das zu bitten, was er benötigt, und es sich zu beschaffen, wo immer er vermag.

Der hochmütige Mensch liebt seinen Selbstbetrug und findet an sich selbst Genüge. Der geistlich arme Mensch hingegen liebt vor allem seine Unzulänglichkeit. Der stolze Mensch beansprucht, geachtet zu werden, weil er über Dinge verfügt, die kein anderer besitzt. Der demütige Mensch möchte an dem teilnehmen dürfen, was ein jeder empfangen hat. Auch er sehnt sich danach, sich bis zum Übermaß zu sättigen an Gottes Güte und Barmherzigkeit.

10.

Das geistliche Leben ist zuallererst Leben. Es erfordert nicht nur Kenntnisse und Studien. Es muß vor allem gelebt werden. Wie jedes Leben wird es krank und stirbt, wenn ihm die Lebenskräfte fehlen. Die Gnade wird in die menschliche Natur eingepflanzt, und der Mensch wird in seiner Ganzheit durch die Gegenwart und das Wirken des Heiligen Geistes geheiligt. Aus diesem Grund ist das geistliche Leben nicht ein dem Mensch-Sein gänzlich entzogenes und in das Reich der Engel übertragenes Leben. Wir leben als geistliche Menschen, wenn wir als gottsuchende Menschen leben. Wenn wir geistliche Wesen sein wollen, müssen wir vor allem Menschen bleiben. Wenn dies nicht überall aus der Theologie hervorginge, wäre das Geheimnis der Menschwerdung ein eindeutiger Beweis dafür. Warum wurde Christus Mensch, wenn nicht, um die Menschen durch ihre mystische Vereinigung mit Gott in Seiner heiligen Menschheit zu erlösen? Jesus teilte das alltägliche Leben der Menschen Seiner Zeit, um das alltägliche Leben der Menschen aller Zeiten zu heiligen. Wenn wir also geistliche Menschen sein wollen, gilt vor allem eines: unser Leben zu leben. Wir wollen dabei der Last der Verantwortung und den Verirrungen nicht ausweichen, die Gott uns bei der Erfüllung Seines Willens auferlegt. Wir wollen mit ganzem Herzen ja sagen zur Wirklichkeit, um so völlig in den lebensspendenden Willen und die Weisheit Gottes einzutauchen, womit Er uns überall umgibt.

Zunächst kommt es darauf an, sicher zu wissen, was wir tun. Nur der Glaube verleiht uns das Licht, in dessen Schein wir erkennen, daß Gottes Wille im Alltag zu finden ist. Ohne dieses Licht verlieren wir die Möglichkeit, richtige Entscheidungen zu treffen. Ohne diese Gewißheit haben wir kein übernatürliches Vertrauen und keinen Frieden. Obwohl uns die größte Helligkeit zuteil wird, stolpern und fallen wir fortgesetzt. Umgibt uns jedoch eine echte geistliche Dunkelheit, dann merken wir nicht einmal, daß wir gefallen sind.

Um geistlich am Leben zu bleiben, müssen wir fortgesetzt unseren Glauben erneuern. Wir gleichen Schiffskapitänen, die ihre Schiffe durch den Nebel steuern. Angestrengt blicken auch wir in die dunklen Massen vor uns und horchen auf das Meer hinaus, ob andere Schiffe in Hörweite sind. Wir können den Hafen nur erreichen, wenn wir wach bleiben. Das geistliche Leben ist also in erster Linie eine Frage des Wachbleibens. Wir dürfen unsere Geöffnetheit geistlichen Hinweisen gegenüber nicht einbüßen. Wir müssen jederzeit in der Lage sein, auf die leiseste Bewegung einzugehen, die sich, einem verborgenen Trieb gleich, auf dem Grund der Seele, die geistlich lebendig ist, regt.

Die Meditation gehört zu den Mitteln, die den Menschen geistlich wach halten. Es ist eigentlich gar nicht so paradox, daß die meisten Anwärter eines Lebens christlicher Vollkommenheit gerade bei der Meditation völlig abstumpfen und einschlafen. Die Betrachtung erfordert eine strenge Zucht; man kann sie nicht mit Gewalt erlernen. Sie verlangt anhaltenden Mut sowie Ausdauer. Wer nicht bereit ist, sich mit Geduld in die Meditation einzuüben, dem bietet sich als Ausweg nur der Kompromiß an. Hier wie anderswo bezeichnet jedoch der Kompromiß im Grunde nichts anderes als ein Versagen.

Meditation ist ein Denkvorgang. Will sie aber Früchte tragen, dann kann sie sich nicht auf ein bloßes Vernunfts- und Begriffsdenken beschränken. Die Meditation umfaßt auch mehr als das rein «Affektive», mehr als eine Reihe von vorbereiteten «Akten», die gesetzt werden.

Im betrachtenden Gebet denken und sprechen wir nicht nur mit dem Geist und mit dem Mund, sondern in gewisser Beziehung mit unserem *ganzen Sein.* Das Gebet stellt also nicht nur eine feststehende Formel von Worten oder ein im Herzen aufsteigendes frommes Sehnen dar. Es ist vielmehr die im Schweigen, Hinhorchen und Anbeten vollzogene Hinordnung unseres ganzen Leibes, unseres gesamten Geistes, unserer ganzen Seele auf Gott. Gutes betrachtendes Gebet ist eine Hinkehr unseres ganzen Selbst zu Gott.

So gesehen, setzt die Betrachtung eine Art inneren Umbruchs voraus. Wenn ich von «Umbruch» spreche, denke ich nicht an etwas, das bricht oder zerbricht oder das Unfrieden stiftet, sondern an einen Ausbruch aus der Gewohnheitsmäßigkeit unseres Daseins, an eine Befreiung des Herzens aus den Sorgen und Belastungen unserer täglichen Aufgaben. Der Grund dafür, daß nur so wenige Menschen das betrachtende Gebet ernsthaft üben, ist wohl in der Tatsache zu suchen, daß letztlich dieser innere Ausbruch – und Aufbruch – erforderlich ist und daß sie im allgemeinen nicht in der Lage sind, die dafür notwendigen Anstrengungen auf sich zu nehmen. Vielleicht mangelt es ihnen an Hochherzigkeit, an Bereitschaft; vielleicht fehlen ihnen Führung und Erfahrung. Und es könnte wohl auch sein, daß sie die Sache falsch begonnen haben. Sie beunruhigen sich durch allzu krampfhafte Bemühungen, mit deren Hilfe sie eine gewisse innere Sammlung erreichen möchten. Sie geraten in einen Zustand innerer Gereiztheit. Am Ende steht dann die Hoffnungslosigkeit. Sie greifen schließlich zu einem Kompromiß, indem sie sich auf eine Reihe ziemlich unnützer mechanischer Übungen beschränken, die dazu beitragen sollen, die Zeit «totzuschlagen». Oder sie lassen sich in eine Art von Dämmerzustand fallen, der, wie sie hoffen, das Recht hat, sich «Schauen» zu nennen.

Jeder Seelenführer weiß, daß es sehr schwierig ist und dabei um haarfeine Unterscheidungen geht, wenn man feststellen will, wo sich die Grenzlinie zwischen der geistlichen Trägheit und den leisen, kaum merklichen Ansätzen passiver Beschauung befindet. Es wird jedoch im Augenblick so viel von der passiven Beschauung geredet, daß sich den geistlich trägen Menschen durchaus die Gelegenheit bietet, Anspruch auf das Vorrecht zu erheben, «durch Nichtstun beten» zu können.

So etwas wie ein Gebet, wo man «nichts tut» oder wo «nichts geschieht», gibt es nicht, obwohl wir jenes Beten sehr gut kennen, bei dem der Mensch nichts spürt, nichts fühlt und nichts denkt.

Das echte innere Gebet, ganz gleich, wie einfach es auch sein mag, erfordert in seiner Gesamtheit die Hinwendung unseres ganzen Selbst zu Gott. Solange dies nicht – aktiv durch unsere eigenen Anstrengungen oder passiv durch das Wirken des Heiligen Geistes – erreicht ist, wird uns die «Beschauung» nicht zuteil, und wir können nicht ohne weiteres in unserem Bemühen, mit Gott ins Gespräch zu kommen, nachlassen.

Wenn wir versuchen, Gott zu schauen, ohne Ihm das Antlitz unseres Ich völlig zuzukehren, enden wir zwangsläufig in der Selbstbetrachtung. Und vielleicht stürzen wir in den Abgrund jener Dunkelheit, wo wir uns in unserer sinnenhaften Natur verfangen. Doch ist dies keine Dunkelheit, wo wir gefahrlos in Passivität verharren können.

Klammern wir uns andererseits zu fest an unsere Phantasie und unser Gefühl, dann ist eine Hinwendung zu Gott ebenfalls unmöglich. Wir verlieren uns in einem Gewirr von Bildern und konstruieren uns eine religiöse Erlebniswelt eigener Aufmachung, und das ist nicht minder bedrohlich.

Die Hinkehr unseres ganzen Menschen zu Gott kann erreicht werden durch einen tiefen, aufrichtigen, einfachen Glauben, der von der Hoffnung, die weiß, daß eine Begegnung mit Gott möglich ist, und von der Liebe, die vor allem danach trachtet, Seinen Willen zu tun, genährt wird.

Zuweilen ist die Meditation nichts weiter als ein von Fehlschlägen begleitetes Ringen um unsere Ausrichtung auf Gott und um das Suchen Seines Angesichts im Glauben. Eine Vielzahl von Dingen, die nicht unserem Einfluß unterliegen, kann ein fruchtbringendes Meditieren praktisch unmöglich machen. In diesem Fall jedoch reichen der Glaube und der gute Wille völlig aus. Wenn jemand wirklich ernsthaft und ehrlich versucht, sich Gott zuzuwenden, es ihm aber gar nicht zu gelingen scheint, sich innerlich einigermaßen zu sammeln, dann muß dieser Versuch eben als Meditation angesehen werden. Das bedeutet, daß Gott in Seinem Erbarmen unser erfolgloses Bemühen an Stelle einer gut gelungenen Meditation annimmt. Zuweilen trifft es zu, daß eine solche innere Hilflosigkeit einen echten Fortschritt im geistlichen Leben anzeigt; – denn dadurch wachsen wir in eine vollkommenere Angewiesenheit auf Gottes Erbarmen hinein.

Wenn uns die Gnade eine völlige Hinordnung auf Gott verleiht und es uns gelingt, alles Störende aus unserem Innern zu verscheuchen, um mit Ihm zu sprechen und Ihn anzubeten, bedeutet das nicht, daß uns Sein Bild fortgesetzt gegenwärtig ist und daß wir Seine Anwesenheit jederzeit zu spüren vermögen. Weder die Phantasie noch das Gefühl sind letztlich für die Ausrichtung unseres ganzen Seins auf Gott erforderlich. Zudem ist eine intensive Konzentration auf eine «Vorstellung» von Gott nicht unbedingt so wünschenswert. So schwer es sein mag, dies mit den Begriffen der menschlichen Sprache zu vermitteln, gibt es doch eine sehr reale, sehr erkennbare (aber kaum einzufangende) Gegenwart Gottes, in der wir im Gebet hintreten vor Ihn, der uns erkennt, den wir wahrnehmen, wie Er uns wahrnimmt, den wir lieben und von dem wir uns geliebt wissen. Uns selbst in der Fülle unseres Person-Seins gegenwärtig, sind wir Ihm gegenwärtig, der in Seinem Sein, Seinem Anders-Sein, Seinem Selbst unendlich ist. Das ist kein Schauen von Angesicht zu Angesicht, sondern eine gewisse gegenseitige Vergegenwärtigung von Selbst zu Selbst, in der wir mit der ehrfürchtigen Hinwendung unseres ganzen Seins Ihn erkennen, in dem alles ist. Der Blick, der in Seine Gegenwart aufschaut, kommt aus dem Kern unserer Demut, aus der Mitte unserer Freiheit, aus dem Grund unserer geistlichen Natur. Die Meditation ist ein solches Aufblicken.

11.

Von den Sakramenten gespeist, vom Gebet und der Lehre der Kirche geformt, müssen wir uns nur den besonderen Platz suchen, den uns Gottes Wille in der Kirche angewiesen hat. Sobald wir diesen Platz gefunden haben, bekommen unser Leben und unser Beten auf einmal eine ganz große Einfachheit.

Dann erst wird uns der innere Kern des geistlichen Lebens zugänglich. Es geht hier nicht darum, ob wir das eine oder das andere gute Werk tun, ob wir hier oder dort leben, ob wir diese oder jene Gebetsform benutzen.

Dem geistlichen Leben ist es nicht darum zu tun, die Seele des Menschen psychologisch zu beeinflussen oder auf sie einzuwirken. Nein! Geistliches Leben, das ist das Schweigen unseres ganzen Seins in Bußfertigkeit und Anbetung vor Gott, in immer gegenwärtigem Innewerden, daß Er alles ist und daß wir nichts sind, daß Er die Mitte ist, auf die alles hinstrebt und auf die all unser Handeln ausgerichtet sein muß, daß unser Leben und unsere Kraft von Ihm ausgehen, daß wir im Leben und Sterben völlig auf Ihn verwiesen sind, daß der ganze Ablauf unseres Lebens von Ihm vorhergewußt ist und sich nach dem Plan Seiner weisen und erbarmenden Vorsehung entfaltet, daß es sinnlos ist, so zu tun, als vermöchten wir ohne Ihn für uns selbst und aus eigener Kraft zu leben, daß all unser Planen und geistliches Streben zwecklos ist, wenn es nicht von Ihm kommt und auf Ihn hingeordnet ist und daß schließlich doch nur Seine Verherrlichung Bedeutung hat.

Wir zerstören unser Gebetsleben, wenn wir es fortgesetzt durchforschen und die Gebetsfrüchte in einem Frieden suchen, der im Grunde nichts weiter ist als ein psychologischer Vorgang. Das einzige, was wir im betrachtenden Gebet suchen sollten, ist Gott. Unser Suchen kann nur dann vom Erfolg gekrönt sein, wenn wir begreifen, daß wir Ihn nicht zu finden vermögen, wenn Er sich uns nicht kundtut, daß Er uns jedoch zugleich nicht jenes Verlangen, Ihn zu suchen, verliehen hätte, wenn wir Ihn nicht schon gefunden hätten.

Je mehr wir uns mit unserem Arm-Sein begnügen, desto näher sind wir Gott; denn auf diese Weise nehmen wir unsere Armut mit innerem Frieden an und erwarten von uns selbst nichts, von Gott jedoch alles.

Die Armut ist das Tor zur Freiheit, nicht weil wir von der Not und dem Druck der Verhältnisse, die die Armut nun einmal mit sich bringt, bedrängt werden, sondern weil wir erkennen, daß es nichts in uns gibt, was sich lohnt, verteidigt zu werden; denn wir entdecken ja in unserem Innern gar nichts, was Anlaß zur Hoffnung geben könnte. Es gibt nichts in uns, was eine besondere Liebe verdient hätte. Deshalb verharren wir nicht in unserem Selbst, sondern ruhen in Ihm, der einzig und allein unsere Hoffnung ist.

Es gibt eine Phase im geistlichen Leben, da wir Gott in unserem Innern finden. Diese Gegenwart wird durch Seine Liebe bewirkt. Sie ist ein Geschenk von Ihm an uns. Sie bleibt in uns. Alle Gaben Gottes sind gut. Aber wenn wir bei ihnen stehen bleiben, ohne ihren Geber zu suchen, verlieren sie ihr Gut-Sein für uns. Nicht anders verhält es sich mit dem Geschenk Seiner Gegenwärtigkeit.

Wenn der rechte Zeitpunkt gekommen ist, da Neues in unser Blickfeld gerückt werden soll, nimmt uns Gott das Bewußtsein Seiner Gegenwart, um unseren Glauben zu festigen. Auf dieser Stufe ist es zwecklos, Seiner durch psychologische Effekte habhaft zu werden, sinnlos auch, sich zu bemühen, Ihn in unserem Herzen zu erspüren. Der Zeitpunkt ist gekommen, da wir aus uns heraus und über uns hinaus gehen und Ihn nicht mehr in unserem Innern, sondern außerhalb, ja jenseits von uns suchen müssen. Wir tun dies in der Kraft eines starken Glaubens und einer Hoffnung, die wie glühende Kohlen unter der Asche unserer Armut brennt. Auch in demütiger Liebe, im Dienst an unseren Brüdern suchen wir Ihn. Wenn es Gott dann gefällt, zieht Er uns im Gebet der Einfachheit zu sich empor.

Welchen Sinn hat das Bewußtsein unserer Schwachheit, wenn wir nicht von Gott erflehen, uns mit Seiner Kraft beizustehen? Welchen geistlichen Nutzen bringt uns die Erkenntnis unserer Armut, wenn wir uns ihrer niemals bedienen, um Seine Barmherzigkeit zu erbitten? Es ist betrüblich genug, wenn wir selbstgefällig an unsere Vollkommenheiten denken, betrüblicher jedoch, in gleichgültiger Passivität zu verharren, wenn wir uns unserer Schwachheit und Sündhaftigkeit bewußt sind. Die Kostbarkeit unserer Ohnmacht und Not besteht darin, daß sie das Erdreich bilden, in das hinein Gott den Samen des Verlangens nach Ihm sät. Und ganz gleich wie verlassen wir uns fühlen mögen: Das zuversichtliche Verlangen, Ihn trotz unseres traurigen Elends zu lieben, ist die Fußspur Seiner Gegenwart und das Unterpfand unseres Heils.

12.

Wenn wir ein geistliches Leben führen wollen, müssen wir unser Leben vereinheitlichen in dem Sinn, daß wir es einem einheitlichen Ziel zuordnen. Unser Leben kann entweder völlig geistlich oder überhaupt nicht geistlich sein. Niemand vermag zwei Herren auf einmal zu dienen. Das Ziel, auf das wir zustreben, verleiht unserem Leben seine Gestalt. Wir sind das Abbild dessen, wonach wir trachten.

Um unser Leben zu vereinheitlichen, müssen wir unser Verlangen vereinheitlichen. Um unser Leben zu vergeistlichen, müssen wir unser Trachten vergeistlichen. Um unser Begehren zu vergeistlichen, müssen wir begehren, nichts zu begehren.

Im Geist zu leben, bedeutet, für einen Gott zu leben, an den wir glauben, den wir jedoch nicht sehen können. Dies Leben für einen solchen Gott zu begehren, meint also, auf das Verlangen nach allem, was sichtbar ist, zu verzichten. Ihn zu besitzen, der nicht begriffen werden kann, bedeutet, allem zu entsagen, was wir begreifen können. In Ihm zu ruhen, der jenseits aller geschaffenen Ruhe ist, meint, von dem Begehren, in geschaffenen Dingen zu ruhen, zu lassen.

Indem wir der Welt entsagen, besitzen wir sie, erheben wir uns über ihre Mannigfaltigkeit und umfassen sie in der Einfachheit einer Liebe, die alles in Gott findet.

Das hat Jesus wohl damit gemeint, als Er sagte, daß jeder, der sein Leben finden will, es verliert, und daß der, welcher es um Gottes willen verliert, es findet.

Im 28. Kapitel des Buches Ijob (vergleiche auch Bar 3) steht geschrieben, daß Gottes Weisheit verborgen und unauffindbar ist. Doch am Schluß wird die Annahme ausgesprochen, daß sie leicht zu finden ist; denn die Furcht des Herrn ist Weisheit.

Ein Mönch darf niemals außerhalb seiner Berufung nach Weisheit suchen. Wenn er dies aber doch tut, dann wird er die Weisheit niemals finden; denn für ihn ist die Weisheit mit seiner Berufung identisch. Die Weisheit ist das eigentliche Leben des Mönchs in seinem Kloster. Der Mönch findet Gott, indem er sein Leben lebt und nicht dadurch, daß er seinem Leben etwas hinzufügt, was Gott nicht hineingelegt hat. Die Weisheit ist Gott selbst, der in uns lebt und sich uns offenbart. Das Leben wird uns nur in dem Maße zuteil, wie wir es leben.

Das monastische Leben ist voll von Gottes Erbarmen. Alles, was der Mönch tut, ist von Gott gewollt und auf die Verherrlichung Gottes hingeordnet. Indem wir Gottes Willen tun, wird uns Gottes Barmherzigkeit zuteil; denn nur wenn Er uns Sein Erbarmen schenkt, vermögen wir Seinen Willen in einer reinen, übernatürlichen Gesinnung zu erfüllen. Und Er verleiht uns diese Gesinnung als eine Gnade, die uns dabei helfen soll, weitere Gnaden und Erbarmungen zu erlangen; denn dadurch werden wir stärker befähigt, Gott zu lieben. Je mehr wir imstande sind, Seines Erbarmens teilhaftig zu werden, desto besser können wir Ihn verherrlichen; denn nur durch Seine eigenen Gaben wird Er verherrlicht; und diejenigen, in deren Herzen Sein Erbarmen die größte Liebe erzeugt, bringen Ihm den höchsten Lobpreis dar. «Wem aber wenig vergeben wird, der liebt auch wenig.» (Lk 7,47)

13.

Der ärmste Mönch in einer Ordensgemeinschaft muß nicht unbedingt jemand sein, dem die wenigsten Gegenstände für seinen Gebrauch zugewiesen werden. Bei der Armut geht es nicht nur darum, daß man «das eine oder das andere» nicht hat. Es handelt sich bei ihr vielmehr um eine Haltung, durch die wir bewogen werden, ohne einige aus dem Gebrauch der Dinge entstehende Vorteile auszukommen. Man kann durchaus nichts besitzen und doch dem persönlichen Genuß und der persönlichen Befriedigung, die man den für die Gemeinschaft bestimmten Dingen – wie Chorgesang, Ansprachen im Kapitel, Tischlesung im Refektorium, Freizeit und Zeit der anderen – abgewinnen will, große Wichtigkeit beimessen.

Oft ist der Ärmste in einer Ordensgemeinschaft derjenige, der allen anderen zur Verfügung und zu Diensten steht. Alle bedienen sich seiner, und er nimmt sich keine Zeit, etwas für sich selbst zu tun.

Solche Dinge wie unsere Ansichten, unser «Stil», alles, was dazu führt, uns von den anderen zu unterscheiden, uns ihnen irgendwie überlegen zu machen, so daß wir unsere Besonderheiten mit Befriedigung wahrnehmen und diese wie einen «Besitz» behandeln, können von der Armut nachhaltig beeinflußt werden. Die «Armut» sollte unsere Besonderheiten nicht unterstreichen. Der exzentrische Mensch ist nicht arm im Geiste.

Auch die Fähigkeit, anderen zu helfen und ihnen unsere Zeit sowie unsere Mittel zur Verfügung zu stellen, können wir mit jenem «Verhaftet-Sein» besitzen, wenn wir uns dadurch den anderen aufdrängen und sie uns verpflichten. In diesem Fall versuchen wir nämlich, die Mitmenschen zu kaufen und sie durch die ihnen von uns erwiesenen Wohltaten in die Hand zu bekommen.

«Wer von uns, Herr, kann, ohne zu erröten, von der Armut reden? Sind wir, die wir im Kloster das Gelübde der Armut abgelegt haben, denn in Wirklichkeit arm? Begreifen wir eigentlich, was die Liebe zur Armut im Grunde bedeutet? Haben wir uns jemals Zeit genommen, um für die Länge eines Augenblicks darüber nachzudenken, warum eigentlich die Armut geliebt werden soll?

Aber Du, Herr, bist doch in die Welt gekommen, um unter den Armen arm zu sein; denn es ist leichter, daß ein Kamel durch das Nadelöhr geht, als daß ein Reicher ins Himmelreich eingeht. Und wir mit unserem Gelübde begnügen uns mit der Tatsache, daß wir vom juristischen Standpunkt nichts besitzen und daß wir für alles, was wir besitzen und benötigen, die Erlaubnis eines anderen einholen müssen.

Ist das denn überhaupt Armut? Kann jemand, der seinen Arbeitsplatz verloren und keinen Pfennig hat, um seine Rechnungen zu bezahlen, der seine Frau und Kinder abmagern sieht und der sich in Zorn und Angst verzehrt: kann ein solcher das, was er verzweifelt benötigt, einfach bekommen, indem er darum bittet? Er kann es ja einmal versuchen! Wir jedoch, die wir vieles haben können, desssen wir nicht bedürfen, und noch vieles mehr, dessen Besitz zum Ärgernis gereicht: wir sind arm nur aus dem Grunde, weil wir alles bloß mit Erlaubnis bekommen!»

Armut bedeutet Bedürftigkeit. Ein Gelübde der Armut abzulegen, ohne jemals auf etwas zu verzichten, ohne je etwas zu benötigen, das man nicht bekommt, bedeutet das Unterfangen, den lebendigen Gott nicht ernst zu nehmen.

14.

Das Lesen sollte ein Akt der Huldigung an den Gott aller Wahrheit sein. Wir öffnen uns Worten, die uns die Wirklichkeit, die Er geschaffen hat, und die größere Wirklichkeit, die Er ist, vermitteln. Das Lesen stellt einen Akt der Demut und der Ehrfurcht gegenüber denjenigen dar, die das Werkzeug sind, mit dessen Hilfe uns Gott Seine Wahrheit kundtut.

Das Lesen verherrlicht Gott in höherem Maße, wenn wir intensiver in den Sinn des Gelesenen eindringen und wenn es sich dabei um einen tieferen Wesensakt nicht nur unseres Geistes, sondern unserer ganzen Persönlichkeit handelt, die sich im Nachdenken, Meditieren, Beten und schließlich auch im Gottesschauen verinnerlicht und erneuert.

Wie Gott, wie Menschen oder wie der Lärm der Stadt, in der wir wohnen, vermögen Bücher zu uns zu sprechen. Sie sprechen zu uns wie Gott, wenn sie uns Licht und Frieden bringen und uns mit Stille erfüllen. Sie sprechen zu uns wie Gott, wenn wir uns niemals von ihnen trennen möchten. Sie sprechen zu uns wie Menschen, wenn wir sie noch ein zweites Mal hören möchten. Sie sprechen zu uns wie der Lärm der Stadt, wenn sie uns in ihren Bann ziehen mit einer Lustlosigkeit, die uns nichts sagt, die uns keinen Halt und keinen Frieden gibt, nichts, an das wir uns zu erinnern vermöchten; und doch gibt uns diese Lustlosigkeit nicht frei.

Bücher, die wie Gott zu uns sprechen, besitzen so viel Vollmacht, daß sie nicht mehr unterhaltend wirken können. Bücher, die wie gütige Menschen sprechen, faszinieren uns wie mit menschlicher Wärme. Wir wachsen innerlich, indem wir uns in ihnen wiederfinden. Sie verhelfen uns zu einer besseren Selbsterkenntnis dadurch, daß wir uns selber in den Mitmenschen erblicken.

Bücher, die wie der Lärm der Menge sprechen, bringen uns schon durch das bloße Gewicht ihrer Leere zur Verzweiflung. Gleich der Leuchtreklame in den Straßen unserer Städte bannen sie unseren Blick mit Hoffnungen, die sie nicht erfüllen können.

Bücher können uns nachhaltig beeinflussen; sie können uns Freunde werden; aber einen Ersatz für Menschen bilden sie nicht; denn sie sind nur Wege zur Begegnung mit bedeutenden Menschen, die maßgeblich an der Formung der Menschheit beteiligt waren und die nicht an sich dachten, sondern an die anderen, als sie ihre Fähigkeiten in den Dienst der Menschheit stellten.

Nicht von Worten oder Gedanken lebt der Geist, sondern von der Wahrheit. Und das ist keine abstrakte, rein geistige Wahrheit. Die Wahrheit, die der geistliche Mensch sucht, ist die Wahrheit in ihrer Ganzheit, die Wirklichkeit, sowohl Sein als auch Wesen, etwas, das umfangen und geliebt werden kann, etwas, das unserem Handeln in seinem Dienst an den Brüdern und in seiner anbetenden Hinwendung zu Gott Tragkraft verleiht: etwas, das mehr ist als ein geschaffenes Ding, mehr als Menschen, mehr als ein Mensch. Der geistliche Mensch sucht vor allem Ihn, dessen Wesen es ist zu sein: Gott.

Christus, das menschgewordene Wort, ist das Buch des Lebens, in dem wir Gott lesen.

15.

Die Demut ist eine Tugend, keine Neurose.

Sie gibt uns frei, um nach ethischen Maßstäben zu handeln, um Gott zu dienen und Ihn zu erkennen. Aus diesem Grund vermag die echte Demut nicht, unsere wirklich guten Taten zu verdrängen oder uns davon abzuhalten, unsere Selbsterfüllung im Vollbringen des göttlichen Willens zu finden.

Die Demut gibt uns frei, um das zu tun, was letztlich gut ist, indem sie uns unseren Selbstbetrug vor Augen führt und unseren Willen von allem ablöst, was lediglich ein Scheingut darstellt.

Die Demut, die unser Sein gefrieren läßt und jeden gesunden Tätigkeitsdrang lähmt, ist überhaupt keine Demut, sondern eine getarnte Form des Hochmuts. Sie trocknet die Wurzeln unseres geistlichen Lebens aus und hält uns davon ab, uns Gott hinzugeben.

«Herr, Du hast uns gelehrt, die Demut zu lieben. Aber wir haben sie nicht lieben gelernt. Wir haben nur ihre äußeren Schichten lieben gelernt: eine Form der Demut, die einen Menschen charmant und sympathisch erscheinen läßt. Vielleicht halten wir zuweilen inne, um über diese guten Eigenschaften nachzudenken. Oft bilden wir uns ein, sie zu besitzen oder durch das ‹Einüben der Demut› in ihren Besitz gelangt zu sein.

Wenn wir in Wahrheit demütig wären, besäßen wir die nötige Klarheit über das Ausmaß unserer Heuchelei.

Lehre mich, Herr, in einer Demut auszuharren, die mir ohne Unterlaß vor Augen hält, daß ich ein Heuchler und Betrüger bin und daß ich trotzdem die Pflicht habe, nach der Wahrheit zu streben, so wahr zu sein, wie ich es nur vermag, auch wenn die ganze Wahrheit meines Wesens unweigerlich von der Täuschung halb durchsetzt ist. Das ist eben das Erschreckende bei der Demut, daß uns der volle Erfolg hier immer versagt bleiben wird. Wäre es doch nur möglich, auf dieser Erde vollkommen demütig zu sein! Aber betrüblicherweise ist es uns nicht gegeben. Du, Herr, warst demütig. Aber unsere Demut besteht darin, daß wir hochmütig sind und alles über sie wissen, daß wir unter ihrer über unsere Kräfte gehenden Last zusammenbrechen und nur zu ganz wenigem fähig sind.

Wie unerbittlich Du in Deinem Erbarmen bist, und doch mußt Du so sein! Deine Barmherzigkeit muß gerecht sein, weil Deine Wahrheit wahr sein muß. Wie unerbittlich Du doch in Deinem Erbarmen bist; denn je mehr wir darum ringen, wahr zu sein, desto klarer erkennen wir unsere Lüge. Ist Dein Licht barmherzig, wenn es uns unerbittlich mitten in die Verzweiflung treibt?

Nein: Nicht für die Verzweiflung hast Du uns bestimmt, sondern für die Demut. Denn irgendwie ist die echte Demut eine sehr greifbare Verzweiflung an uns selbst, um unsere Hoffnung ganz allein auf Dich zu setzen,

Wer kann es tragen, in eine solche Finsternis zu geraten?»

16.

Die Glocken sind dazu da, uns daran zu erinnern, daß einzig Gott gut ist, daß wir Ihm gehören, daß wir nicht für die diesseitige Welt leben.

Sie brechen in die Welt unserer Sorgen ein, damit wir daran denken sollen, daß alles vergeht und daß alles, was uns bedrückt, unwesentlich ist.

Sie sprechen zu uns von unserer Freiheit, die uns die Last der Verantwortung und der vergänglichen Sorgen vergessen läßt.

Sie sind die Stimme unseres Bundes mit dem Gott des Himmels.

Sie sagen uns, daß wir Sein wahrer Tempel sind. Sie rufen uns zum Frieden mit Ihm in unserem Herzen.

Am Schluß der Glockenweihe wird aus dem Evangelium die Stelle vorgelesen, wo von Maria und Martha die Rede ist, um uns dies alles von neuem einzuprägen und nahezubringen.

Die Glocken sagen: «Was liegt an der Geschäftigkeit! Ruht in Gott, und seid frohen Herzens; denn die diesseitige Welt ist bloß das Gleichnis und die Verheißung einer zukünftigen Welt, und nur jene, die sich losgelöst haben von den vergänglichen Dingen, können das Licht der Verheißung der Ewigkeit erblicken.»

Die Glocken sagen: «Jahrhundertelang haben wir unsere Stimmen von den Türmen großer Kirchen ertönen lassen. Wir haben zu den Heiligen, euren Vätern, in ihrem Land gesprochen. Wir riefen sie zur Heiligkeit, wie wir nun auch euch zur Heiligkeit rufen. Und wie riefen wir sie?

Wir sagten nicht nur: Seid gut, kommt zur Kirche. Wir sagten nicht nur: Haltet die Gebote, sondern vor allem: Christ ist erstanden, Er ist in Wahrheit auferstanden! Und wir sagten: Kommt mit uns, Gott ist gut, es ist nicht schwer, euer Heil zu erlangen, Seine Liebe hat es euch leichtgemacht! Und diese unsere Botschaft war jederzeit an alle gerichtet, an die, welche kamen, und an die, welche nicht kamen; denn unser Gesang ist vollkommen, wie der Vater im Himmel vollkommen ist. Wir gießen unsere Liebe über alle Menschen aus.»

17.

Im Paradies gab Adam den Tieren ihre Namen. So müssen auch wir die Dinge, die unsere Stille mit uns teilen, benennen, nicht um in ihr Innerstes einzudringen oder um unsere Einsamkeit durch die Gedanken an sie in Unruhe zu versetzen, sondern damit die Stille, in der sie weilen und die in ihnen weilt, greifbarer wird und sie mit ihrem wahren Wesen zusammenfällt. Die Wesen, die in der Stille weilen, lassen die Stille greifbar werden; denn ihre Stille ist mit ihrem Sein identisch. Ihr Sein zu benennen, bedeutet, ihre Stille zu benennen. Und deshalb sollte eine solche Namengebung sich in Ehrfurcht vollziehen.

Das Gebet gebraucht Worte, um die Wesen in Gott zu verehren. Die Magie benutzt Worte, um sich an der Stille und Heiligkeit der Wesen zu vergreifen, indem sie sich ihrer so bedient, als ob sie Gott entrissen und im Angesicht Seiner Stille besessen und niederträchtig mißbraucht werden könnten. Die Magie vergeht sich gegen Seine Stille, indem sie sie zur Maske eines Eindringlings, einer abgründigen, dunklen Gewalt macht, die sich auf den Thron Gottes setzt und die Stelle Seiner Gegenwart einnimmt. Aber was kann an die Stelle dessen treten, der ist? Nur das, was nicht ist, kann den Anspruch erheben, Ihn von Seinem Platz zu verdrängen. Doch dadurch wird Er um so nachhaltiger bestätigt. Denn wenn das, was «nicht» ist, aus der Feststellung «ist nicht» herausgenommen wird, bleibt nichts übrig als das bloße «Ist».

In der Stille Gottes haben wir die Magie überwunden, indem wir durch das, was nicht ist, hindurchblicken und begreifen, daß der, der ist, uns näher ist als das «Ist nicht», das ständig versucht, sich zwischen uns und Ihn zu stellen.

Seine Gegenwart ist in meiner Gegenwart gegenwärtig. Wenn ich bin, dann ist Er. Und wenn ich weiß, daß ich bin, wenn ich mich auf den Grund meines Seins und meiner gegenwärtigen Wirklichkeit versenke, in das nicht einzufangende «Bin», das der Urgrund meiner selbst ist, gelange ich durch diese tiefe Mitte zu dem unendlichen «Ich bin» und damit zu eben dem Namen, den sich der Allmächtige selbst gegeben hat.

Die Erkenntnis meiner selbst im Schweigen (nicht auf Grund von Betrachtungen meiner selbst, sondern auf

Grund des Eindringens in das Geheimnis meines wahren Selbst, das jenseits aller Worte und Begriffe liegt, da es völlig es selbst ist) öffnet sich in das Schweigen und die «Subjektivität» von Gottes eigenem Selbst hinein.

Die Gnade Jesu Christi macht mich dem «einwohnenden Wort», das der in mir lebende Christus ist, gleichförmig. Dies Gleichförmig-Werden führt zu jener zugleich vertrauten und dunklen Erfahrung und Erkenntnis, der eine nicht in Worte zu fassende Gewißheit eigen ist und deren wir nur im Schauen teilhaftig werden.

Wenn wir (in der dunklen Gewißheit eines durch geistliches Begreifen erleuchteten Glaubens) «erkennen», daß wir in Gottes Sohn Söhne Gottes sind, erfahren wir etwas von jenem großen Geheimnis unseres Seins in Gott und Gottes Seins in uns. Ohne recht zu wissen wie, berühren wir die erschreckende und doch wundersame Wahrheit, daß Gott, der sich über den Abgrund Seines unausschöpfbaren Seins neigt, uns aus der Mitte Seines Seins genommen, daß Er uns in das Licht Seiner Wahrheit gehüllt, in den Flammen Seiner Liebe geläutert hat und uns durch die Macht des Kreuzes hat eins werden lassen mit Seinem Sohn. «Laßt uns den Menschen machen nach unserem Bild und Gleichnis.» (Gen 1,26)

«O großer Gott, Vater aller Dinge, dessen unendliches Licht für mich Dunkelheit ist, dessen Grenzenlosigkeit für mich Leere ist, Du hast mich aus Dir heraus gerufen, da Du mich in Dir liebst, und so bin ich ein vergänglicher Ausdruck Deiner unausschöpfbaren, ewigen Wirklichkeit. Ich könnte Dich nicht erkennen, ich wäre in dieser Dunkelheit verloren, ich würde Dir in diese Leere entgleiten, wenn Du mich nicht im Herzen Deines Sohnes umfangen hieltest.

Vater, ich liebe Dich, den ich nicht erkenne. Ich

umfange Dich, den ich nicht schaue. Ich lasse mich fallen in Dich, wider den ich gesündigt habe. Denn Du liebst in mir Deinen Sohn. Du erblickst Ihn in mir, Du umfängst Ihn in mir, weil Er mir völlig gleichförmig werden wollte in der Liebe, die Ihn für mich am Kreuz sterben ließ.

Ich komme zu Dir wie Jakob in den Kleidern Esaus. Ich komme in den Verdiensten und dem kostbaren Blut Jesu Christi. Und Du, Vater, der Du in der Dunkelheit dieses großen Geheimnisses, das die Offenbarung Deiner Liebe ist, blind hast sein wollen, lege mir Deine Hände auf das Haupt, und segne mich als Deinen einzigen Sohn. Nur in Ihm hast Du mich erblicken wollen. Doch da Du dies wolltest, hast Du mich wirklicher sehen wollen, als ich bin. Denn das sündige Selbst ist nicht mein wahres Selbst. Es ist nicht das Selbst, das Du für mich wolltest, sondern das Selbst, das ich für mich wollte. Aber dies falsche Selbst soll mir nicht länger gehören! Doch nun, Vater, komme ich zu Dir im Selbst Deines Sohnes; denn es ist Sein heiliges Herz, das von mir Besitz ergriffen und meine Sünden getilgt hat. Er ist es, der mich vor Dich hinstellt. Und wo ist mein Platz? Im Heiligtum Seines Herzens, das Deine Wohnung und der Tempel ist, wo Dich die Heiligen im Himmel anbeten.»

18.

Ich muß Ihn, dessen Schweigen ich teile und anbete, beim Namen nennen; denn in Seinem Schweigen spricht Er auch meinen Namen aus. Er allein kennt meinen Namen, in dem ich auch den Seinen kenne. Denn in dem Augenblick, da Er mich «mein Sohn» nennt, werde ich inne, daß Er «mein Vater» ist. Dieses Erkennen ist in mir ein Akt, in Ihm eine Person. Mein Akt ist das Ausgehen Seiner Person, das Wehen Seines Geistes, Seiner Liebe in mir. Wenn Er west, wese ich mit Ihm, so daß auch ich es bin, der west. Und in dieser meiner Bewegung erwache ich zu der Erkenntnis, daß «ich bin», und ich rufe «Abba, Vater».

Aber da ich nicht mein eigener Vater bin, ist es sinnlos, daß ich versuche, zu einer solchen Erkenntnis von Ihm zu gelangen, indem ich mich selbst in der Kammer meines Schweigens «Sohn» nenne. Meine Stimme vermag nur ein totes Echo aufzuscheuchen, wenn sie sich selber ruft. Niemals kann es ein Erwachen in mir geben, wenn ich nicht von Ihm, der mein Licht ist, aus der Finsternis herausgerufen werde. Nur Er, der das Leben ist, vermag die Toten zu erwecken. Und wenn Er mich nicht beim Namen nennt, bleibe ich tot, und mein Schweigen ist das Schweigen des Todes.

Sobald Er aber meinen Namen ausspricht, ist mein Schweigen das Schweigen des ewigen Lebens, und ich weiß, daß ich *bin*. Mein Herz hat sich meinem Vater im Echo der Äonen zugewandt.

Mein Leben ist horchen, Sein Leben ist sprechen. Horchen und antworten: das ist mein Heil. Also muß mein Leben schweigen sein. Somit ist mein Schweigen mein Heil.

Das Opfer, an dem Gott Gefallen hat, ist die Darbringung meiner Seele – und anderer Seelen.

Die Seele ist Ihm hingegeben, wenn sie ganz auf Ihn hin geöffnet ist. Deshalb ist mein Schweigen, das mich allem entzieht, die Darbringung aller Dinge und die Hingabe meiner Seele an Gott. Somit ist es mein Gott wohlgefälliges Opfer. Wenn ich auch den anderen das gleiche Schweigen zu vermitteln vermag, bringe ich Ihm ein Opfer dar, dessen Er sich freut. «Die Erkenntnis Gottes ist mir lieber als Brandopfer.» (Hos 6,6)

Das innere Schweigen ist ohne Erbarmen und ohne Demut unmöglich.

Wie unterscheidet sich eine Berufung von einer durch menschliche Begriffe abgeschirmten Kategorie? Diejenigen, die ihre Berufung zur Heiligkeit erfüllen, sie in die Tat umsetzen, entziehen sich einer jeglichen Erklärung. Sie passen nicht in Kategorien hinein. Wird aber von ihnen in der Verbindung des Begriffs der Kategorie gesprochen, dann müssen die Definitionen so formuliert werden, als gehörten sie einer allerdings völlig andersartigen Kategorie an. Tatsächlich lassen sie sich in keine Kategorie einreihen. Sie sind auf eine ganz eigene Weise *sie selbst.* Deshalb sind sie auch in den Augen der Menschen keiner besonderen Achtung und Liebe wert; denn ihre Eigenständigkeit ist ein Anzeichen dafür, daß Gott sie innig liebt und daß Er allein Sein Geheimnis kennt, das zu kostbar ist, um den Menschen geoffenbart zu werden.

Was wir über unser eigentliches Begreifen hinaus vor allem an den Heiligen verehren, ist dieses Geheimnis: das Mysterium einer Unschuld und Gleichförmigkeit, die ganz in Gott verborgen ist.

19.

«Als Schluß der ganzen Rede hören wir: Fürchte Gott und halte Seine Gebote; denn das ist der ganze Mensch.» (Koh 12,13)

«Die Wurzel der Weisheit: Wem ward sie enthüllt, und ihre Pläne, wer hat sie erkannt?

Der Weisheit Fülle ist die Furcht des Herrn; sie sättigt sie mit ihren Früchten . . .

Der Weisheit Krone ist die Furcht des Herrn, läßt Heil und blühende Gesundheit sprießen . . .

So du verlangst nach Weisheit, halte die Gebote; dann wird der Herr sie dir zum Lohne geben . . .» (Sir 1,6.17f.26)

In den Tiefen unseres Seins ist Gott, der uns zu leben und zu sein heißt. Doch finden wir Ihn nicht nur, indem wir unser eigenes Sein finden.

Wenn Er uns leben heißt, gibt Er uns auch auf, auf eine ganz bestimmte Weise zu leben. Seine Weisung an uns beschränkt sich nicht nur darauf, irgendwie zu leben, sondern gerecht zu leben, ja letztlich durch das Leben in Ihm vollkommen zu sein.

Deshalb hat er auf den Grund unseres Seins das Licht des Gewissens gestellt, das uns das Gesetz des Lebens aufhellt. Das Leben ist kein Leben, wenn es nicht diesem Gesetz, das der Wille Gottes ist, gehorcht. Der Mensch in seiner Ganzheit ist darauf hingeordnet, im Schein dieses Lichtes zu leben; denn so reift er zum Leben in Gott und durch Gott heran. Wenn dieses Licht als Folge von Handlungen, die in Widerspruch zu diesem Gesetz stehen, erlischt, wird unser Wesenskern veruntreut. Unwahres schiebt sich zwischen uns und unser Selbst, und Gott wird zum Lügner. Alle Sünde führt dazu; sie macht uns zu Götzendienern, da sie Gottes Wahrheit durch die Lüge ersetzt.

Ein falsches Gewissen ist ein Götze, ein Abgott, der nichts sagt, weil er stumm ist, und der nicht handelt, weil er machtlos ist. Ein falsches Gewissen ist eine Maske, durch die wir uns selbst Orakel verkünden, falsche Weissagungen abgeben und uns selbst die Antworten zuspielen, die wir hören möchten. «Sie vertauschten ja die Wahrheit Gottes mit der Lüge . . .» (Röm 1,25)

Die Furcht des Herrn ist aller Weisheit Anfang.

Die Weisheit ist die Erkenntnis der Wahrheit in ihrer

eigentlichsten Wirklichkeit, die Erfahrung der Wahrheit als Ergebnis der Ausrichtung der Seele. Die Weisheit erkennt Gott in uns und uns in Gott.

Die Furcht, die den ersten Schritt auf dem Weg zur Weisheit darstellt, ist die Furcht, Gott und uns selbst gegenüber untreu zu sein. Es ist die Furcht davor, daß wir uns selbst betrogen und unser Leben einem Götzen zu Füßen gelegt haben.

Jeder Mensch ist jedoch ein Lügner, weil er ein Sünder ist. Wir alle sind Gott gegenüber unwahr. «Gott aber soll sich als wahr erweisen, jeder Mensch jedoch als unzuverlässig, wie geschrieben steht.» (Röm 3,4)

Die Furcht des Herrn, die der Anfang aller Weisheit ist, besteht deshalb in dem Bewußtsein des «Trugs, den ich in meiner rechten Hand halte» (Jes 44,20).

«Wenn wir sagen, daß wir keine Sünde haben, so betrügen wir uns selbst, und die Wahrheit ist nicht in uns ... Wenn wir sagen, daß wir nicht sündigen, machen wir Ihn zum Lügner, und Sein Wort ist nicht in uns.» (1 Joh 1,8.10)

Deshalb ist das Bekenntnis der Sünde der Anfang aller Weisheit. Es erwirkt uns Gottes Barmherzigkeit. Es läßt das Licht Seiner Wahrheit in unserem Gewissen brennen, ohne dessen Leuchtkraft wir nicht imstande wären, die Sünde zu meiden. Es zieht die Kraft Seiner Gnade auf uns herab, wodurch die Willenshandlung an die Wahrheit des Geistes gebunden wird.

Das Leben selbst bildet die Lösung des Lebensproblems. Leben wird nicht durch Beweisdenken und logische Erwägungen erlangt, sondern vor allem dadurch, daß es gelebt wird. Denn solange wir nicht angefangen haben zu leben, fehlt der Einsicht ihr Betätigungsfeld. Und wenn wir nicht lernen, was Fehlschläge sind, haben wir keine Möglichkeit, uns im Erfolg zu bewähren.

2. *Die Liebe zur Einsamkeit*

1.

Wenn ein Mensch die Einsamkeit liebt und sucht, heißt das nicht, daß er sich nun unablässig von einer geographischen Möglichkeit zur anderen bewegen muß. Der Mensch wird in dem Augenblick zum Einsiedler, da er, völlig unabhängig von seiner äußeren Umwelt, seine unveräußerliche Einsamkeit erkennt und begreift, daß er letztlich nur die Aufgabe hat, einsam zu sein. Von jetzt ab ist die Einsamkeit nicht länger mehr eine Möglichkeit, sondern sie wird zur Wirklichkeit.

Die verfügbare Einsamkeit konfrontiert uns rückhaltlos immer mit einer unverwirklichten, ja einer nicht zu verwirklichenden Möglichkeit der «vollkommenen Einsamkeit». Wie ist das zu verstehen? Wir verlieren die für uns erreichbare Einsamkeit, die Einsamkeit also, die uns bereits zuteil geworden ist, wenn wir zu angestrengt versuchen, die materielle Möglichkeit einer größeren äußeren Einsamkeit, die jeweils um Haaresbreite außer Reichweite zu sein scheint, zu verwirklichen. Die beiden Wesenselemente der tatsächlich erreichbaren Einsamkeit sind Unbefriedigt-Sein und Ungewißheit, die ihr Entstehen der ständigen Auseinandersetzung mit einer unverwirklichten Möglichkeit verdanken. Es geht hier nicht um die wilde Jagd nach Möglichkeiten, sondern um das demütige, gelassene Annehmen von Tatsachen, das uns Halt verleiht angesichts einer unendlichen Wirklichkeit, die einerseits schon Besitz und andererseits eine «Möglichkeit» ist: ein Gegenstand der Hoffnung.

Erst wenn der Einsiedler stirbt und ins Himmelreich eingeht, wird ihm die klare Erkenntnis zuteil, daß diese Möglichkeit bereits zu seinen Lebzeiten verwirklicht war, daß er dies jedoch nicht begriff; denn seine Einsamkeit bestand vor allem im «möglichen» Besitz Gottes und sonst nichts als Gott, in der Reinheit der Hoffnung.

2.

«Mein Herr und mein Gott! Ich weiß nicht, wohin ich gehe. Ich sehe den Weg nicht, der vor mir liegt. Ich weiß nicht sicher, wohin er führt. Auch kenne ich mich im Grunde selbst nicht recht. Und obwohl ich glaube, Deinem Willen zu entsprechen, bedeutet das noch nicht, daß ich ihn tatsächlich erfülle. Ich glaube aber, daß das Verlangen, Dir zu gefallen, Dir im Grunde wohlgefällig ist. Ich hoffe, daß ich in allem, was ich tue, diesem Verlangen treu bleibe. Ich hoffe, daß ich niemals etwas tun werde, das außerhalb dieses Verlangens liegt. Wenn ich so handle, weiß ich, daß Du mich auf dem rechten Weg führen wirst, auch wenn ich ihn gar nicht kenne. Deshalb will ich mein Vertrauen jederzeit auf Dich setzen, obwohl es mich zuweilen dünkt, verloren zu sein und im Schatten des Todes zu weilen. Ich will mich nicht fürchten, denn Du bist ja bei mir, und inmitten der Gefahren, die auf mich andrängen, verläßt Du mich nicht.»

3.

In unserem Zeitalter muß alles ein «Problem» sein. Unsere Tage sind Tage der Angst, weil wir das so gewollt haben. Kein äußerer Zwang drängt uns diese Angst auf. Sie kommt aus unserem Innern, und wir zwingen sie einander und der Welt auf.

In einem solchen Zeitalter bedeutet Heiligkeit zweifellos, aus dem Bereich der Angst hinüberzugehen in ein Land, wo es keine Angst gibt. Oder die Heiligkeit besteht darin, von Gott zu lernen, inmitten der Angst ohne Angst zu sein.

Grundsätzlich ließe sich, wie Max Picard ausführt, diese Frage wahrscheinlich folgendermaßen lösen: Wir müssen in einem Schweigen leben, das unsere inneren Widersprüche in der Weise überbrückt, daß sie, obgleich sie in unserem Innern weiter bestehen, aufhören, ein Problem zu sein.

Zu allen Zeiten hat der Mensch in seinem Innern Widersprüche gekannt. Doch erst wenn das kritische Denken das innere Schweigen verdrängt, entwickeln sich diese Widersprüche zu einem ständigen und unlösbaren Problem. Es ist nicht an uns, alle Probleme zu entwirren. Es ist uns vielmehr aufgegeben, mit ihnen zu leben, über sie hinaus zu gehen und sie im Lichte äußerer und objektiver Wertordnungen zu erblicken, wodurch sie an Gewicht und Bedeutung verlieren.

Das Schweigen gehört somit zum Wesenskern der Heiligkeit. Im Stille-Sein und Vertrauen liegt die Kraft der Heiligen. (Jes 30,15)

Als die Einsamkeit für mich noch ein Problem war, besaß ich keine Einsamkeit. Als sie aufhörte, ein Problem zu sein, entdeckte ich, daß ich sie bereits besaß und sie schon längst hätte besitzen können. Sie blieb jedoch noch ein Problem, da ich am Ende erkannte, daß eine rein subjektive, innerliche Einsamkeit, die Frucht einer Bemühung um Verinnerlichung, unzureichend sein würde. Die Einsamkeit muß objektiv und konkret sein. Sie muß hineinmünden in etwas, das größer ist als die Welt, das so groß ist wie das Sein selbst, damit wir in seinem tiefen Frieden Gott finden können.

Wir schieben Worte zwischen uns und die Dinge. Sogar

Gott ist nur noch eine begriffliche Irrealität im Niemandsland der Sprache geworden, die keinen Zugang mehr zur Wirklichkeit hat.

Das Leben des Einsiedlers durchbricht mit seinem Schweigen die Nebelschicht, die der Mensch zwischen seinen Geist und die Dinge geschoben hat. In der Einsamkeit werden wir mit dem nackten Sein der Dinge konfrontiert. Und doch entdecken wir, daß die von uns so gefürchtete Nacktheit der Wirklichkeit uns weder mit Schrecken noch mit Scham erfüllt. Sie hüllt sich in die versöhnende Kraft des Schweigens, und dieses Schweigen ist auf die Liebe hingeordnet. Unsere Worte haben versucht, die Welt in eine Schablone zu drängen, sie zu beherrschen und sogar verächtlich zu machen (weil sie sie nicht zu fassen vermochten). Diese Welt kommt uns nahe; denn das Schweigen lehrt uns, die Wirklichkeit zu erkennen, indem wir sie achten, wo Worte sie verletzt haben.

Wenn wir lange genug mit der uns umgebenden Wirklichkeit gelebt haben, werden wir in der Gesinnung der Ehrfürchtigkeit lernen, sie in einigen wenigen Worten der Güte einzufangen aus der Mitte unseres Schweigens heraus, das die Mutter der Wahrheit ist.

Worte stehen zwischen Schweigen und Schweigen: zwischen dem Schweigen der Dinge und dem Schweigen unseres Seins, zwischen dem Schweigen der Welt und dem Schweigen Gottes. Wenn wir die Welt wirklich im Schweigen berührt und erkannt haben, trennen uns die Worte nicht länger weder von der Welt, weder von den Mitmenschen, weder von Gott noch von uns selbst, weil uns bewußt wird, daß wir von der Sprache nicht in allem erwarten können, daß sie die ganze Wirklichkeit einfängt.

Die Wahrheit steigt vom Schweigen des Seins zu der ruhigen, schrecklichen Gegenwart des Wortes empor. Und indem die Wahrheit der Worte wieder ins Schweigen zurücksinkt, drängt sie uns tief in das Schweigen Gottes hinein.

Oder vielleicht könnte es besser so ausgedrückt werden: Gleich einem Schatz in den Wellen steigt Gott aus dem Meer auf. Und wenn die Sprache zurücksinkt, bleibt Seine Klarheit an den Ufern unseres Seins zurück.

4.

Wenn wir aufhören, darüber nachzudenken, wie wir zu leben haben, und wir wirklich anfangen zu leben, wissen wir, daß wir unsere Berufung gefunden haben. Wenn ein Mensch zur Einsamkeit berufen ist, wird er sich nur dann nicht länger fragen, wie er leben und es anfangen soll, im Frieden zu sein, da er in der Einsamkeit weilt. Ist er jedoch nicht zum einsamen Leben berufen, dann wird ihn die Frage nach dem Leben um so stärker belasten, je länger er allein ist; und darüber vergißt er schließlich das eigentliche Leben. Wenn es uns letztlich mit unserer Berufung nicht ernst ist, wenn sie nicht aus der Mitte unseres Seins kommt, lähmt unser Denken das Leben, nimmt es den Platz des Lebens ein oder wird vom Leben verdrängt, so daß das Leben das Denken ertränkt und die Stimme des Gewissens zum Schweigen bringt. Wenn wir unsere Berufung finden, verschmelzen Leben und Denken zu einer Einheit.

Nehmen wir an, wir hätten die Erfüllung unseres Lebens in der Berufung gefunden. Nun fügt sich alles zu einem organischen Ganzen zusammen; alles ist in der Ordnung, in Frieden. Jetzt stört die Arbeit das Gebet und das Beten die Arbeit nicht mehr. Nun braucht die Kontemplation kein besonderer «Zustand» mehr zu sein, der uns den alltäglichen Dingen der Umwelt entzieht; denn Gott durchdringt alles. Es ist überflüssig anzunehmen, wir müßten den anderen über unser Inneres Auskunft geben; Gott allein gilt nunmehr unsere Rede.

5.

Wir müssen Gottes Schweigen nicht nur in uns selbst, sondern auch untereinander finden. Wenn ein Mitmensch nicht mit Worten zu uns spricht, die in Gott entspringen und Gottes Schweigen in unserem Innern berühren, verbleiben wir in der Absonderung unseres Schweigens, aus dem sich Gott zurückzuziehen scheint. Das innerliche Schweigen beruht auf einem fortgesetzten Suchen, einem ständigen Rufen in der Nacht und auf der Bereitschaft, uns immer von neuem über den Abgrund zu neigen. Wenn wir uns an ein Schweigen klammern, das wir nunmehr für immer gefunden zu haben glauben, hören wir auf, Gott zu suchen, und das Schweigen in uns erlischt. Ein Schweigen, in dem Er nicht mehr gesucht wird, spricht nicht länger von Ihm. Ein Schweigen, in dem Seine Abwesenheit nicht greifbar zu werden scheint, bedroht Seine ständige Gegenwart auf gefährliche Weise. Wir finden Ihn nur, wenn wir Ihn suchen. Suchen wir Ihn nicht mehr, dann entgleitet Er uns. Wir hören Ihn nur, wenn wir hoffen, Ihn zu hören. Und wenn wir in der Annahme, unsere Hoffnung sei gestillt, nicht mehr horchen, hört Er auf zu sprechen. Sein Schweigen verliert die Lebendigkeit und erstirbt, auch wenn wir uns bemühen, es mit dem Echo unserer Gefühlsbetontheit von neuem zu erfüllen.

6.

«Herr, mein Herz ist nicht stolz.» (Ps 131,1)

Stolz und Demut suchen beide das innere Schweigen.

Mit einer erzwungenen Starrheit versucht der Hochmut, Gottes Schweigen nachzuahmen. Aber Gottes Schweigen ist die Vollendung des wahren Lebens; und das Schweigen des Hochmuts ist das Schweigen des Todes.

Die Demut sucht das Schweigen nicht in Untätigkeit, sondern in einer geordneten Tätigkeit, in einer Tätigkeit, die unserer Armut und Hilflosigkeit vor Gott zukommt. Die Demut versenkt sich ins Gebet und findet das Schweigen durch die Worte. Da es jedoch in unserer Natur liegt, von den Worten zum Schweigen und vom Schweigen zu den Worten überzugehen, verhält sich die Demut in allem still. Auch wenn sie spricht, lauscht sie. Die Worte der Demut sind so einfach, so liebreich und so arm, daß sie mühelos den Zugang zu Gottes Schweigen finden. In der Tat sind sie der Widerhall Seines Schweigens; und im Augenblick, da sie über die Lippen kommen, ist Sein Schweigen schon in ihnen gegenwärtig.

Der Hochmut fürchtet sich, aus sich heraus zu gehen aus Angst, das zu verlieren, was er sich errungen hat. Das Schweigen des Stolzes wird deshalb durch das Andrängen der Liebe bedroht. Da aber die Demut nichts hat, was sie verlieren könnte, (denn sie ist ihr eigenes Schweigen), entgleiten ihr Frieden und Stille nicht, wenn sie auszieht, anderen zuzuhören oder mit ihnen um der Liebe Gottes willen zu sprechen. In allem ist die Demut still und im Frieden, und auch ihr Mühen ist Frieden.

Nicht das Sprechen als solches bricht unser Schweigen, sondern unser gewichtiges Verlangen, gehört zu werden. Die Rede des stolzen Menschen läßt alle anderen verstummen, so daß nur seine Stimme allein vernehmbar ist. Der demütige Mensch spricht nur, damit die anderen mit ihm reden. Der Demütige erbittet für sich nichts weiter als ein Almosen; dann wartet er und lauscht.

Das Schweigen ist auf die in Worten vermittelbare letztliche Zusammenfassung all dessen hingeordnet, wofür wir gelebt haben. Durch das Hören empfangen wir Christus im Wort des Glaubens. Wir wirken unser Heil im Schweigen und in der Hoffnung. Aber früher oder später kommt die Zeit, da wir Christus vor den Menschen und dann vor allen Wesen im Himmel und auf Erden bekennen müssen.

Wenn sich unser Leben in sinnlosen Worten verströmt, werden wir niemals etwas vernehmen, werden wir niemals zu unserem Sein vordringen; und da wir ja alles gesagt haben, bevor wir etwas zu sagen hatten, wird uns im Augenblick der größten Entscheidung die Sprache am Ende fehlen.

Das Schweigen ist jedoch auf diese letztliche Äußerung hingeordnet. Es hat sein Ziel nicht in sich selbst. Unser Leben ist eine unablässige Meditation über unsere letzte Entscheidung: die einzige Entscheidung, die zählt. Und dieses Meditieren vollzieht sich im Schweigen. Wir sind jedoch in einem gewissen Rahmen verpflichtet, mit den Mitmenschen zu sprechen, ihnen zu helfen, damit sie den Weg zu ihrer eigenen Entscheidung finden, kurz gesagt, ihnen Christus zu bringen. Indem wir ihnen Christus vermitteln, vermitteln ihnen unsere Worte ein neues Schweigen: das Schweigen der Auferstehung. In diesem Schweigen werden sie geformt und bereitet, so daß auch sie das zu verkündigen vermögen, was ihnen verkündigt wurde.

7.

Wenn mich das Schweigen meine Freiheit finden läßt, wenn ich nicht mehr vom Abwägen des Lebens, sondern vom Leben selbst in Anspruch genommen bin, öffnet sich mir der Zugang zu einer Form des Betens, das tatsächlich keine Zerstreuung kennt. Mein ganzes Leben wird zum

Gebet. Mein ganzes Schweigen ist mit Gebet angefüllt. Die Welt des Schweigens, in die ich eingetaucht bin, trägt zu meinem Beten bei.

Die Einheit, die das Werk der Armut in der Einsamkeit ist, beginnt den Heilungsprozeß aller Wunden der Seele und schließt sie am Ende ganz. Solange ich arm bleibe, solange ich leer bin und mich Gott allein zuwende, kann es für mich keine Zerstreuung geben. Gerade meine Armut hält mich davon ab, (durch eine Vielzahl von Dingen) «auseinandergestreut», zerstreut zu werden. «Ist dein Auge aber krank, so wird auch dein Leib finster sein.» (Mt 6,23)

Angenommen, meine «Armut» sei ein geheimer Hunger nach geistlichen Gütern. Indem ich den Anschein erwecke, innerlich leer und still zu werden, versuche ich im Grunde, Gott dazu zu bewegen, mich durch ein geistliches Erlebnis zu bereichern. Was geschieht dann? In diesem Fall verwandelt sich mir alles in Zerstreuung. Alle geschaffenen Dinge schieben sich störend zwischen mich und meine Sucht nach einem besonderen geistlichen Abenteuer. Ich muß die Dinge aussperren, oder sie zerreißen mich. Was noch schlimmer ist: Ich selbst bin eine Zerstreuung. Wenn nun mein Gebet in mir selbst seine Mitte findet, wenn es nur eine Bereicherung meines Ich sucht, – und das ist das größte Unglück, das mich treffen kann – wird mein Gebet selbst zu meiner stärksten mittelbaren Zerstreuung. Gänzlich von meiner eigenen Begierde erfüllt, habe ich vom Baum der Erkenntnis gegessen und mich von mir selber und Gott losgerissen. Reich und einsam bin ich geworden, und nichts vermag meinen Hunger zu stillen. Alles, was ich berühre, verwandelt sich mir in eine Zerstreuung.

Ich will mich also aufmachen und die Gabe des Schweigens, der Armut und der Einsamkeit suchen, damit sich alles, was ich berühre, in Gebet verwandelt, damit der

Himmel mein Gebet ist, damit die Vögel mein Gebet sind, damit der Wind in den Bäumen mein Gebet ist. Gott ist alles in allem.

Doch wenn dies so werden soll, muß ich wahrhaft arm sein. Ich darf nichts suchen, sondern muß mit dem, was Gott mir gibt, von Herzen zufrieden sein. Die echte Armut ist die des Bettlers, der sich über jedes Almosen freut, vor allem, wenn es von Gott kommt. Die falsche Armut verblendet den Menschen, so daß er glaubt, sich wie die Engel selbst genügen zu können. Wo Dankbarkeit geschenkt und empfangen wird und wo wir nur das, was wir unbedingt benötigen, für uns behalten, da findet sich echte Armut. Die falsche Armut gibt vor, nichts zu benötigen und nichts zu erbitten; entschlossen sucht sie alles und bleibt überall den Dank schuldig.

8.

«Wenn sie euch also sagen: seht, er ist in der Wüste, so geht nicht hinaus; seht, er ist in den Kammern, so glaubt es nicht. Denn gleich wie der Blitz vom Osten ausgeht und bis zum Westen leuchtet, so wird es auch mit der Ankunft des Menschensohnes sein.» (Mt 24, 26f)

Christus, der unerwartet am Ende der Zeiten wiederkommen wird – und niemand kennt den Zeitpunkt Seiner Wiederkunft –, tritt bei denen, die Ihm zu eigen sind, zu jeder Stunde, in jedem Augenblick ein; und sie vermögen den Kommenden nicht zu sehen und Seine Ankunft nicht vorherzubestimmen. Und doch: Wo Er ist, das sind auch sie. Den Adlern gleich, die unwissend einem inneren Trieb folgen, sammeln sie sich und finden Ihn in jedem Augenblick.

Wie wir nicht vermögen, mit Sicherheit vorauszusagen, wo und wann Er am Ende der Zeit erscheinen wird, genauso wenig läßt sich mit Gewißheit vorherbestimmen, wo und wann Er sich den beschaulichen Seelen offenbart.

Es gibt viele, die Ihn in der Wüste gesucht und Ihn dort nicht gefunden haben. Und dann sind da andere, die sich mit Ihm an entlegene Orte zurückgezogen haben. Aber Er hat sich ihnen versagt. Ihm zu begegnen, ist genauso leicht, wie vom Blitz getroffen zu werden. Gleich dem Blitz schlägt Er ein, wo Er will.

Alle echten beschaulichen Menschen haben dies gemeinsam: nicht, daß sie sich ausschließlich in der Wüste sammeln oder sich in Einsiedeleien zurückziehen, sondern daß, wo Er ist, auch sie sind. Und wie finden sie Ihn? Mit den Mitteln geistlicher Technik? Es gibt keine technischen Mittel, um Ihn zu finden. Mit Hilfe Seines Willens finden sie Ihn. Sein Wille, der ihnen innerlich die Gnade verleiht und äußerlich ihr Leben lenkt, führt sie mit unfehlbarer Sicherheit dorthin, wo sie Ihn finden können. Doch an diesem Ort angekommen, wissen sie nicht, wie sie dorthin gelangt sind und was sie eigentlich tun.

Sobald ein Mensch völlig bereit ist, mit Gott allein zu sein, ist er mit Ihm überall allein, sei es auf dem Lande, im Kloster, im Wald oder in der Stadt. Der Blitz leuchtet vom Osten bis zum Westen. Er erhellt den ganzen Horizont, und er schlägt ein, wo er will. Und im gleichen Augenblick leuchtet die unendliche Freiheit Gottes auf dem Grund der Seele dieses Menschen auf, und er ist erleuchtet. Zugleich sieht er, daß er, obwohl er anscheinend erst die Häfte der Wegstrecke zurückgelegt hat, bereits am Ziel ist. Das Leben der Gnade auf Erden ist der Anfang des Lebens der Herrlichkeit. Obgleich dieser Mensch ein Wanderer in der Zeit ist, hat er einen Augenblick lang in die Ewigkeit geblickt.

9.

Es ist ein Zeichen größerer innerer Reife und ein besserer Ansatz zum Beten, wenn wir in Ihm, der unendlich ist, leben und frohlocken, daß Er unendlich ist, als wenn wir fortgesetzt versuchen, Seine Grenzenlosigkeit in den engen Raum unseres Herzens zu pressen. Solange es mir genug ist zu wissen, daß Er unendlich größer ist als ich und daß ich ihn nicht zu erkennen vermag, wenn Er sich mir nicht zu erkennen gibt, bleibe ich im Frieden, und Er ist mir nahe und in mir, und ich ruhe in Ihm. Aber sobald ich danach begehre, Ihn um meiner selbst willen zu erkennen und zu genießen, erhebe ich die Hand, um Ihm, der sich mir entzieht, Gewalt anzutun. Dadurch tue ich mir selbst Gewalt an, und ich werde in Kummer und Angst auf mich selbst zurückgeworfen im Bewußtsein, daß Er Seines Weges gegangen ist.

Auch wenn in der Stille jeder Augenblick dem andern gleicht, bedeutet für das wahre Gebet jeder Augenblick eine neue Entdeckung eines neuen Schweigens, ein neues Eindringen in jene Ewigkeit, wo alles immer wieder neu ist. Durch dieses neue Entdecken erkennen wir die tiefe Wirklichkeit, die hier und jetzt unser konkretes Sein ist; und in der Mitte dieser Wirklichkeit empfangen wir Licht, Wahrheit, Weisheit und Frieden vom Vater. Sie spiegeln Gott in unserer Seele wider, die in Seinem Bild und Gleichnis geschaffen ist.

10.

«Laß dies mein einziger Trost sein, daß Du, mein Herr, wo immer ich bin, geliebt und gepriesen wirst.

Ja, die Bäume lieben Dich und erkennen Dich nicht. Da sind die Tigerlilien und Kornblumen, und sie sagen, daß sie Dich lieben, und doch wissen sie nichts von Deiner Gegenwart. Die schönen dunklen Wolken ziehen über den Himmel und sinnen Dir nach wie Kinder, die nicht wissen, wovon sie bei ihren Spielen träumen.

Aber mitten unter ihnen allen erkenne ich Dich, weiß ich von Deiner Gegenwart. In ihnen und in mir erkenne ich Deine Liebe, von der sie nichts wissen, und, weit mehr noch, bin ich verwirrt von der Gegenwart Deiner Liebe in mir. O süße, schreckliche Liebe, die Du mir geschenkt hast und die niemals in meinem Herzen sein könnte, wenn Du mich nicht liebtest! Inmitten dieser Wesen, die sich niemals an Dir vergangen haben, werde ich von Dir ganz offensichtlich geliebt als einer, der gegen Dich gesündigt hat. Du erblickst mich unter dem Himmel und hast meine Verfehlungen gegen Dich vergessen. – Aber ich habe sie nicht vergessen.

Nur eines erbitte ich von Dir: daß mich die Erinnerung an meine Sünden nicht mit Angst erfüllen möge, die Gaben Deiner Liebe, die Du in mich hineingelegt hast, in mein Herz einzulassen. Ich will sie empfangen, weil ich unwürdig bin. Daher will ich Dich um so inniger lieben und Deinem Erbarmen herrlicheren Ruhm spenden.

Eingedenk dessen, daß ich ein Sünder bin, will ich Dich trotz meiner Vergangenheit lieben; denn ich weiß, daß meine Liebe kostbar ist, da sie Dir gehört und viel weniger mir. Diese Liebe ist Dir kostbar, weil sie von Deinem eigenen Sohn ausgeht, und nocht weit kostbarer, weil sie mich zu Seinem Sohn macht.»

11.

Berufung zur Einsamkeit: sich ausliefern, sich ganz hinhalten, sich völlig an das Schweigen einer weiten Landschaft mit Wäldern und Hügeln oder an das Schweigen der See, der Wüste hingeben. Still dasitzen, während die Sonne über dem Land aufgeht und Seine Stillen mit Licht erfüllt. Beten und schaffen am Morgen, arbeiten und ruhen am Nachmittag, wieder still und sinnend dasitzen am Abend, wenn die Nacht über das Land hereinbricht und die Stille sich mit Dunkel und mit Sternen füllt. Das ist eine echte und ganz eigene Berufung. Es gibt nur wenige Menschen, die einem solchen Schweigen ganz angehören wollen, damit es ihnen bis ins Mark dringt, damit sie nichts als Schweigen atmen, damit ihr Leben völlig von Ihm erfaßt und in ein lebendiges, wachsames Schweigen verwandelt wird.

Der Märtyrer ist ein Mensch, der eine Entscheidung getroffen hat, die stark genug ist, um die Bewährung im Tod auf sich zu nehmen. Der Einsiedler ist ein Mensch, der einen Entschluß gefaßt hat, der tragfähig genug ist, um die Prüfung durch die Wüste, d. h., durch den Tod, zu bestehen. Die Wüste ist voll von Ungewißheit und Gefahr und Demütigung und Furcht, und der Einsiedler lebt tagaus, tagein im Angesicht des Todes. So begreifen wir, daß der Einsiedler der jüngere Bruder des Märtyrers ist. Der Heilige Geist ist es, der die Entscheidung trifft, durch die der Märtyrer und der Einsiedler in Christus ausgesondert, herausgerufen werden.

Die Berufung zum Martyrium ist außerordentlicher, charismatischer Natur. Dasselbe gilt in gewisser Beziehung auch von der Berufung zur Einsamkeit. Menschliches Planen führt nicht zum Martyrium; und auch das Einsiedlerdasein kann man sich nicht einfach vornehmen. Sogar schon unser Verlangen nach der Einsamkeit muß übernatürlich sein, wenn es für ein ganzes Leben dauerhaft und tragfähig bleiben will. Ist es aber übernatürlich, dann kann es gut sein, daß manchein Programm, manchein vorgefaßter Plan durchkreuzt und beiseite geschoben wird. Vielleicht nehmen wir den Weg in die Wüste in Aussicht; vielleicht erscheint er unserem Begehren greifbar nahe. Letztlich aber ist es Gott, der die Einsiedler beruft, und nicht der Mensch.

Ganz gleich, ob wir zu einem Leben in der Gemeinschaft oder als Einsiedler berufen sind: Unsere Berufung beruht auf dem Grundstein der Apostel und Propheten und auf dem Eckstein, der Christus ist. Das bedeutet, daß wir herausgerufen sind, das große Geheimnis Seiner Macht in uns zu erfüllen und zu verwirklichen, jener Macht, die Ihn von den Toten auferweckt und uns von allen Enden der Erde berufen hat, um in Ihm, dem Vater zu leben. Was auch immer unsere Berufung sein mag: Wir sind herausgerufen, um Zeugen und Diener der göttlichen Barmherzigkeit zu sein. Der christliche Einsiedler sucht die Einsamkeit nicht schlechthin als geeignete Atmosphäre oder Form für eine besondere geistliche Richtung oder exzentrische Spiritualität. Er geht auch nicht in die Einsamkeit, um mit ihrer Hilfe annehmbare Voraussetzungen für das zu schaffen, was als sein Herzensanliegen gilt: nämlich die Kontemplation. Ihn zieht es in die Einsamkeit als Ausdruck seiner Ganzhingabe an Gott. Er sucht in der Einsamkeit kein Mittel, um etwas zu erlangen; ihm geht es darum, in der Einsamkeit sich selbst darzubringen. Als solche umgreift sie den Verzicht und die Verachtung der «Welt», (wobei «Welt» hier im negativen Sinn des Wortes gebraucht wird). Diese Einsamkeit versagt sich jedoch niemals der christlichen Gemeinschaft. Sie kann in der Tat der Überzeugung des Einsiedlers Ausdruck verleihen, wonach er für die meisten sichtbaren Betätigungen der Kommunität nicht gut genug ist und es deshalb zu seinem

Anteil gehört, eine verborgene Funktion im geistlichen Keller der Gemeinschaft auszuüben.

12.

Das Einsiedlerleben ist vor allem ein Leben des Gebets.

Wir beten nicht um des Betens willen, sondern um erhört zu werden. Wir beten nicht, um uns selber beim Beten zuzuhören, sondern damit Gott uns erhört und uns Antwort gibt. Wir beten auch nicht in Erwartung einer beliebigen Antwort, sondern einzig und allein, um Gottes Antwort zu erlangen.

Deshalb ist der Einsiedler ein Mensch, der ohne Unterlaß betet, der jederzeit auf Gott hingeordnet ist, der auf die Lauterkeit seines Flehens zu Gott acht hat, dem es darum geht, daß seine Antworten nicht an die Stelle von Gottes Antworten treten, der schließlich dafür Sorge trägt, daß sein Gebet nicht zum Selbstzweck wird und daß es einfach, sauber und im Verborgenen bleibt. Auf diese Weise kann er, duldsam gegen sich selbst geworden, vergessen, daß seine «Vollkommenheit» von seinem Beten abhängt; nicht mehr mit sich selbst belastet, kann er ganz in der Erwartung der Antworten Gottes leben.

Es scheint mir, daß das Gesagte nicht ganz begreiflich wird, wenn wir übersehen, daß das Gebetsleben auf dem Bittgebet beruht, wobei es unwesentlich ist, in welcher Richtung es sich im Laufe der Zeit entfaltet.

Weit davon entfernt, die Reinheit des Einsiedlergebets negativ zu beeinflussen, wird eben diese Reinheit durch das Bittgebet bewahrt und gewährleistet. Mehr als irgendein anderer Mensch ist sich der Einsiedler seiner Armut und Bedürftigkeit vor Gott bewußt. Da er in allem, im geistlichen sowie materiellen Bereich, unmittelbar auf Gott verwiesen ist, bleibt ihm nur die eine Möglichkeit, nämlich, um alles zu bitten. Sein Gebet ist Ausdruck seiner Armut. Ihm geht es beim Bittgebet schwerlich um einen bloßen Formalismus oder um ein gedankenloses Übernehmen menschlicher Gewohnheiten, als ob er nicht in allem auf Gott verwiesen wäre!

Als ein Mann des Gebets erkennt der Einsiedler Gott in der Gewißheit, daß sein Gebet *jederzeit erhört* wird. Wenn es Gott gefällt, führt ihn sein Weg von hier weiter zur Stufe der Beschauung.

Aus diesem Grunde bildet die Dankbarkeit den Kern des Einsiedlerlebens wie des christlichen Lebens überhaupt.

Vom ersten Tag an, da er in die Einsamkeit kommt, sollte der Eremit seinen Sinn darauf richten, daß er begreifen lernt, was es heißt, sich mit Tränen und Verlangen völlig vor Gott zu demütigen. Dann gleicht er dem Daniel, dem Gottes Antwort durch den Engel überbracht wurde (vgl. Dan 10,12). «Fürchte dich nicht, Daniel: denn vom ersten Tage an, da du deinen Sinn darauf gerichtet hast, Verständnis zu erlangen und dich vor deinem Gott zu demütigen, wurden deine Worte vernommen . . .»

13.

Im beschaulichen Leben des Einsiedlers finden, so meine ich, die folgenden Jesus-Worte ihre Erfüllung und Verwirklichung: «Der Sohn vermag aus sich selber nichts zu tun, was er nicht den Vater tun sieht; denn was dieser tut, das tut auch der Sohn in gleicher Weise. Denn der Vater liebt den Sohn und zeigt Ihm alles, was Er selber tut.» (Joh 5,19f)

Dieses Ernstmachen mit Jesu Botschaft verwirklicht sich in einer Form des Seins und des Handelns, das auf Jesus so bezogen ist, wie Er auf den Vater bezogen war.

«Wer auf mein Wort hört und dem glaubt, der mich sandte, hat ewiges Leben.» (Joh 5,24) Der Vater zieht uns; nur so kommen wir zu Jesus. (Vgl. Joh 6,44) «Jeder, der etwas vom Vater vernommen und gelernt hat, kommt zu mir.» (Joh 6,45; vgl. Joh 6,37) In der Einsamkeit lassen sich die Worte des Vaters am besten vernehmen. Jesus ist das Brot des Lebens, das uns in der Einsamkeit zuteil wird. «Wie mich der lebendige Vater gesandt hat und wie ich durch den Vater lebe, wird auch, der mich ißt, leben durch mich.» (Joh 6,57)

Das Einsiedlerleben ist also das Leben dessen, den der Vater in die Einöde zieht, wo Jesus allein seine geistliche Speise bildet. In Jesus Christus schenkt sich der Vater uns und speist uns mit Seinem eigenen unausschöpfbaren Leben. Darum muß das Einsiedlerleben eine fortwährende Vereinigung mit Gott und eine Danksagung ohne Unterlaß sein, wo wir kraft des Glaubens all das wahrnehmen, was sich in den Tiefen Gottes vollzieht, und wo uns jeglicher Geschmack an einer anderen Lebensform oder einer anderen geistlichen Speise verlorengeht.

Das Einsiedlerleben entspricht auch insofern den angeführten Bibelstellen, meine ich, weil es die Verlorenheit und Verlassenheit des Psalmisten nachvollzieht. «Wohl bin ich elend und arm; doch der Herr trägt Sorge um mich.» (Ps 40,18) Wir leben in ständiger Verwiesenheit auf die erbarmende Güte des Vaters, und so wird unser Leben zu einem Leben der Danksagung, einer immer neuen Antwort auf Seine Hilfe, die uns in jedem Augenblick zuteil wird. Ich glaube, daß dies früher oder später jeder Mensch in einer jeglichen Berufung begreift, vorausgesetzt, es handelt sich um eine wahre Berufung.

Das Einsiedlerdasein ist eine Lebensform, in der wir all unsere Sorgen auf den Herrn werfen und einzig und allein in der Hilfe, die von Ihm kommt, frohlocken. Was immer Er tut, ist unsere Freude. Durch unsere Danksagung bilden wir Sein Gut-Sein in uns nach. (Oder: Unsere Dankbarkeit spiegelt Sein Erbarmen wider. Durch sie werden wir zu Seinem Bild und Gleichnis.)

Das echte Einsiedlerleben unterscheidet sich grundlegend von jeder zeitlich begrenzten Zurückgezogenheit, die wir uns in gewissen Abständen in den Ruhepausen, in denen wir von beruflichen sowie gesellschaftlichen Verpflichtungen entbunden sind, zu gönnen vermögen. Wenn wir von Zeit zu Zeit die Möglichkeit eines Lebens der Zurückgezogenheit suchen und finden, lernen wir seinen Wert auf dem kontrastierenden Hintergrund anderer Werte schätzen. Bei einem ununterbrochenen und zur Alltäglichkeit gewordenen Leben in der Einsamkeit können sich derartige Kontrastwirkungen natürlich nicht ergeben.

Ich darf die Einsamkeit nicht suchen, um mein Leben einer völligen Lähmung und einer eisigen Sammlung preiszugeben, durch die alles zu einer inneren Erfahrung erstarrt. Wo die Zurückgezogenheit mit dem alltäglichen Leben abwechselt, da werden Atemholen, Stillesein und Besinnungspause zu ihren Wesensmerkmalen. Wenn das Leben in der Einsamkeit nicht zeitlich begrenzt wird, sondern ein ununterbrochenes Ganzes bildet, kann gut auf das Merkmal der Sammlung und auf das Bewußtsein geistlicher Stille verzichtet werden. Mein ganzes Leben kann dann hervorquellen, um dem Wesen und Schweigen der Tage, in die ich eingetaucht bin, zu begegnen; und in ruhig dahinfließendem Tun wird mein Heil gewirkt.

Es kann auch sein, daß ich in der Einsamkeit zu meinem Anfang zurückkehre und die Güte und Vollkommenheit eines einfachen Gebets, das ich laut bete, neu entdecke – und daran größere Freude habe als am betrachtenden Gebet.

Der Einsiedler ist notwendigerweise ein Mensch, der das tut, was er tun will. Tatsächlich hat er ja keine sonstige

Tätigkeit. Deshalb begreifen wir auch, warum seine Berufung so gefährlich ist und zugleich so negativ beurteilt wird. Seine Berufung birgt nämlich deshalb eine solche Gefahr, weil er ernsthaft versuchen muß, ein Heiliger zu werden dadurch, daß er das tut, was er will, anstatt das zu tun, was er nicht will. Es ist äußerst schwierig, ein Leben der Heiligkeit zu führen, wenn man das tut, was einem beliebt. Es bedeutet, daß das, wonach es uns gelüstet, immer der Wille Gottes ist. Wir finden also an dem, was dem Willen Gottes nicht entspricht, sehr wahrscheinlich keinen Gefallen. Gott selbst wird unsere Fehlentscheidungen zudecken, indem Er sie in hohem Maße als «Seinen eigenen Willen» annimmt.

Eine solche Berufung wird naturgemäß vor allem von jenen mißbilligt, die sich scheuen, das zu tun, was sie wollen, da sie nur zu gut wissen, daß das, was sie tun wollen, nicht Gottes Wille ist. Doch der Einsiedler muß ein Mensch sein, der den Mut aufbringt, das zu tun, wonach es ihn von allem in der Welt am meisten verlangt: nämlich in Einsamkeit zu leben. Das erfordert heroische Demut und heroisches Hoffen, jene fast närrische Hoffnung, daß Gott den Einsiedler gegen sich selbst schützt, daß Er ihn so innig liebt, daß Er seine Entscheidung annimmt, als ob sie die Seinige wäre. Eine solche Hoffnung ist ein Anzeichen dafür, daß die Erwählung der Einsamkeit Gottes Wahl ist, daß das Verlangen nach der Einsamkeit möglicherweise auf einer göttlichen Berufung beruht, daß sie die Gnade, Gott zu gefallen, voraussetzt, indem unsere Entscheidungen in der demütigen Ungewißheit eines andauernden Schweigens stattfinden, das niemals eine einzige von uns getroffene Wahl gutheißt oder mißbilligt.

Ich sollte jeden Augenblick imstande sein, die Einsamkeit als einen Ort von neuem aufzusuchen, den ich niemals einem anderen Menschen beschrieben habe, als den Ort, den ich niemals einem anderen Menschen gezeigt habe, als den Ort, in dessen Schweigen ein Leben der Innerlichkeit gereift ist, das niemandem als Gott zugänglich ist.

14.

Am besten beten wir, wenn unser Inneres von allen Bildern, außer dem Bild des unsichtbaren Vaters, frei ist. Dieses Bild im Spiegel unserer Seele ist die Weisheit des Vaters, das Wort des Vaters, die Herrlichkeit des Vaters.

Wir verherrlichen den Vater in der Hoffnung durch die Dunkelheit Seines Bildes hindurch, das jedes andere Ebenbild aus unserem Innern entfernt, so daß wir in einer reinen Beziehung zum Vater und Verwiesenheit auf Ihn zu leben vermögen. Dieses Leben der Verwiesenheit, das sich im reinen Glauben vollendet, ist die einzige Existenzform, die unserem sakramentalen Charakter als Söhne des Vaters in Christus völlig entspricht.

Allein die reine Liebe vermag die Seele gänzlich von den Bildern der geschöpflichen Dinge zu befreien und uns über den Bereich unserer Wünsche hinauszuheben.

Wenn wir diesen Weg einschlagen, brauchen wir nicht den Versuch zu unternehmen, aus eigener Kraft die vergebliche Aufgabe zu bewältigen, jedes Bild aus unserem Innern zu entfernen. Wir müssen zunächst damit beginnen, ungute Bilder durch gute zu ersetzen und darauf auch den guten Bildern zu entsagen, die ziemlich überflüssig sind und uns unnötig in Leidenschaften und Gefühlserregungen stürzen. Der Blick auf eine Landschaft verscheucht alle diese Bilder. Phantasie und Gefühle werden dadurch beruhigt und befriedet, und der Wille wird frei gegeben, so daß wir die Kraft haben, Gott im Glauben zu suchen.

Das behutsame Wirken der Gnade in der Seele wird

durch jede menschliche Gewaltsamkeit empfindlich gestört. Ist eine Leidenschaft ungeordnet, dann tut sie dem Geist Gewalt an, und ihre bedrohlichste Gewaltsamkeit ist die, welche uns scheinbar den inneren Frieden finden läßt. Eine solche Gewaltsamkeit wird für das geistliche Leben erst in dem Augenblick lebensgefährlich, da sie uns nicht mehr beunruhigt.

Der von der Gnade verliehene Friede bringt eine für die Gewaltsamkeit unantastbare innere Festigkeit mit sich. Sie bleibt unerschütterlich, wenn wir der Macht der Leidenschaft nicht selber Tür und Tor unseres verborgensten Innern öffnen. Gefühle vermögen nur die äußeren Schichten unseres Wesens zu beeinflussen; die Tiefen bleiben jedoch davon unberührt, wenn sie von der Gnade beherrscht und gehalten werden.

Die geistliche Gewalttätigkeit ist am gefährlichsten, wenn sie am geistlichsten, also am wenigsten gefühlsbetont auftritt. Eine Gewaltsamkeit, die ohne eine äußerliche Beunruhigung in den Tiefen des Willens wirkt, ergreift ohne sichtliche Schwierigkeit unser ganzes Wesen. So verhält es sich mit der Gewaltsamkeit einer vorsätzlich und widerstandslos begangenen Sünde, wobei nicht die Gewaltsamkeit, sondern der Friede im Erscheinungsbild vorherrscht.

Wir kennen auch die Heftigkeit eines ungeordneten, auf Einwilligung beruhenden Verlangens, das im allgemeinen nicht sündhaft ist, das Wirken der Gnade jedoch verhindert und Bedingungen schafft, die die Liebe mit viel größerer Leichtigkeit völlig aus unserem Innern zu entfernen vermögen. Eine solche Einwilligung gibt uns den Entschlüssen der Leidenschaft preis; und doch kann dies unter dem Vorwand, Gott zu dienen, geschehen. Die gefährlichste geistliche Heftigkeit ist die, welche die Ankerkette unseres Willens mit Hilfe einer falschen begeisterten Bereitschaft losreißt, die von Gott zu kommen scheint, in

Wirklichkeit aber durch die Leidenschaft hervorgerufen ist.

Viele der von uns innig gehegten Pläne zur Verherrlichung Gottes sind nichts weiter als eine ungeordnete, getarnte Leidenschaft. Den besten Beweis dafür erbringt die von ihr verursachte innere Beunruhigung. Den Gott des Friedens aber kann Heftigkeit niemals verherrlichen.

Nur einer einzigen Form der Gewalt ist es gegeben, das Himmelreich zu besitzen, jener Gewalt nämlich, die imstande ist, inmitten des Sturms der Leidenschaften auf dem Grund der Seele Frieden zu gebieten. Diese Gewalt ist die Ordnung selbst, und sie wird in unserem Innern durch die Machtvollkommenheit und die Stimme des Gottes des Friedens zum Leben gerufen.

15.

Sobald wir wahrhaft allein sind, sind wir bei Gott.

Einige leben für Gott, andere mit Gott und wieder andere in Gott.

Diejenigen, die für Gott leben, sind mit anderen zusammen und teilen mit ihnen das tätige Leben ihrer Gemeinschaft. Ihr Leben ist ihr Tun.

Jene, die mit Gott leben, leben auch für Ihn. Aber sie leben nicht in dem, was sie für Ihn tun. Sie leben vielmehr in dem, was sie vor Ihm sind. Ihr Leben besteht darin, Sein Bild in ihrer Einfachheit und Vollkommenheit aufleuchten zu lassen, womit ihre Armut Sein Wesen widerspiegelt.

Die, welche in Gott leben, leben weder mit anderen zusammen noch in sich selbst und noch weniger in ihrem Tun. Er wirkt alles in ihnen.

Unter ein und demselben Baume sitzend, kann ich für, mit und in Gott leben.

Wenn ich diese Seiten nur *für* Ihn schreibe, wäre das nicht genug.

Um mit Ihm zu leben, ist es notwendig, das Sprechen fortgesetzt zu meiden und unser Verlangen nach menschlichem Austausch, auch über Gott, zu begrenzen.

Und doch ist es nicht schwer, mit anderen Menschen und mit Ihm Zwiesprache zu halten, solange wir ihnen in Ihm begegnen.

Das Einsiedlerleben ist letztlich die einfachste Lebensform. Das Gemeinschaftsleben bereitet uns insofern darauf vor, als wir Gott in der Einfachheit des gemeinsamen Lebens finden. Darauf suchen wir Ihn inniger, und es fällt uns leichter, Ihn in der *größeren Einfachheit* der Einsamkeit zu finden.

Wenn jedoch unser Gemeinschaftsleben (infolge eigenen Verschuldens) kompliziert ist, werden wir in der Einsamkeit ohne Frage noch komplizierter.

Wir sollten nicht aus der Gemeinschaft in die Einsamkeit flüchten. Zuerst finden wir Gott in der Gemeinschaft. Dann führt Er uns in die Einsamkeit.

Wenn wir keine Ehrfurcht vor der Gültigkeit der Sprache haben, vermögen wir das wahre Wesen des Schweigens nicht zu ermessen. Die Wirklichkeit, die in der Sprache zum Ausdruck kommt, findet sich, von Angesicht zu Angesicht, in aller Unmittelbarkeit im Schweigen. Es würde uns nicht gelingen, diese Wirklichkeit in sich selbst, d. h. in ihrem eigenen Schweigen, zu finden, wenn uns die Sprache nicht zunächst den Weg dorthin gezeigt hätte.

16.

Wir finden Gott in unserem eigenen Sein, das Gottes Spiegel ist.

Aber wie finden wir unser Wesen?

Handlungen sind Türen und Fenster unseres Wesens. Wenn wir nicht handeln, haben wir keine Möglichkeit zu erkennen, was wir sind. Es ist unmöglich, unser Wesen zu erfahren, wenn wir nicht unmittelbar erfahren, was Erkenntnis und was Erfahrung ist.

Folglich können wir, wenn wir jeder Tätigkeit entsagen, die Tiefen unseres Wesens nicht ermessen.

Verzichten wir auf die geistliche Betätigung, dann versinken wir in eine Dunkelheit und in einen Frieden; doch das ist die Dunkelheit und der Friede des Fleisches.

Wir spüren, daß wir sind. Aber das Sein, das wir erfahren, ist nur das Sein des Fleisches. Und wenn wir in dieser Dunkelheit in den Schlaf sinken und uns an seiner Süße berauschen, gibt es ein Erwachen, in dem wir nur die Werke des Fleisches zu tun vermögen.

Um also unser geistliches Sein zu finden, müssen wir den Weg, den unsere geistliche Betätigung zurückgelegt hat, abwärtsgehen.

Wenn wir jedoch im Einklang mit der Gnade handeln, gehören unsere Handlungen nicht nur uns, sondern Gott. Verfolgen wir ein solches Handeln bis zu seiner Quelle zurück, dann wird uns zumindest die Möglichkeit verliehen, einer Gotteserfahrung fähig zu sein. Sein Wirken in uns offenbart Sein Sein in uns.

Unser ganzes Leben sollte darauf ausgerichtet sein, durch Demut und Glauben unser Handeln zu vergeistlichen und unsere Natur durch die Liebe zum Schweigen zu bringen.

«Aus uns herauszugehen», bedeutet, auf der Spitze unseres Seins zu handeln, nicht von unserer eigenen Natur bewegt, sondern von Gott, der zugleich unendlich weit jenseits von uns ist und der doch in den Tiefen unseres Seins wohnt.

Von diesem Handeln auszuruhen, – ich will damit sagen: die Frucht dieses Handelns zu genießen – bedeutet, in

Gottes Sein weit jenseits unseres Seins zu ruhen. «Wo dein Schatz ist, da ist auch dein Herz.» Wir begreifen, daß der ganze Wert (Schatz) unseres geistlichen Handelns aus Gott entspringt; – und unser Herz ruht im Ursprung, von dem alles, was gut in uns ist, seinen Ausgang nimmt. Wir besitzen unser Sein nicht selbst, sondern in Ihm allein, von dem her es kommt.

Durch den Glauben finden wir unser wahres Sein in Gott.

Ein vollkommener Akt des Glaubens sollte zugleich ein vollkommener Akt der Demut sein.

Gott zeigt Seine tiefsten, reinsten Geheimnisse nicht dem, der sie zu entschleiern beabsichtigt. Er besitzt Geheimnisse, die Er jenen kundtut, die anderen Menschen eine Vorstellung von ihnen zu vermitteln gedenken. Doch sind diese Geheimnisse das gemeinsame Eigentum vieler. Er besitzt andere Geheimnisse, die nicht kundgetan werden können. Der bloße Wunsch, sie an andere weiterzugeben, nimmt uns die Fähigkeit, ihrer teilhaft zu werden.

Das größte Geheimnis Gottes ist Gott selbst.

Er wartet darauf, sich mir mitzuteilen auf eine Weise, die ich anderen niemals zu schildern und über die ich auch nicht folgerichtig nachzudenken vermag. Im Schweigen muß ich danach trachten. Aus diesem Grund gilt es, alles zu lassen.

17.

Die Danksagung ist das große Werk des Einsiedlerlebens. Der Einsiedler ist ein Mensch, dem Gottes Erbarmen tiefer bewußt ist als den anderen Menschen; denn seines ist ein Leben völliger Verwiesenheit auf die verborgene Barmherzigkeit unseres himmlischen Vaters in Schweigen und Hoffnung.

Je mehr ich in die Einsamkeit eindringe, desto klarer gewahre ich das Gut-Sein aller Dinge.

Um glücklich in der Einsamkeit leben zu können, benötige ich ein barmherziges Erkennen des Gut-Seins der ganzen Schöpfung und ein demütiges Erkennen des Gut-Seins meines Leibes und meiner Seele. Wie vermöchte ich wohl, in der Einsamkeit zu leben, wenn ich nicht überall das Gut-Sein Gottes, meines Schöpfers und Erlösers und des Vaters alles Guten erblickte?

Was hat mich böse und mir selbst verhaßt gemacht? Mein Wahn und meine Finsternis sind es, die mich mit ihrer Sünde von jenem Licht geschieden haben, das Gott in meine Seele gestellt hat, um sie zu einem Ebenbild Seines Gut-Seins und zu einem Zeugnis Seines Erbarmens zu machen.

Soll ich das Böse aus meinem Innern herausreißen, indem ich mit meiner Finsternis ringe? Doch das hat mir Gott nicht zugedacht. Es genügt, mich von meiner Dunkelheit fort Seinem Licht zuzuwenden. Ich brauche nicht vor mir selbst wegzulaufen. Es genügt, daß ich mein Selbst finde, nicht jenes Selbst jedoch, das ein Werk meiner Kurzsichtigkeit ist, sondern das Selbst, das Er in Seiner Weisheit geschaffen und in Seinem grenzenlosen Erbarmen wiederhergestellt hat. Es ist Sein Wille, daß mein Leib und meine Seele der Tempel Seines Heiligen Geistes sind, daß mein Leben die Helligkeit Seiner Liebe erstrahlen läßt und mein ganzes Sein in Seinem Frieden ruht. Dann werde ich Ihn in Wahrheit erkennen, da ich in Ihm bin und Er wahrhaft in mir ist.

18.

Die Psalmen sind der wahre Garten des Einsiedlers, und die Schrift ist sein Paradies. Sie enthüllen ihm ihre Geheimnisse; denn da er völlig arm und demütig ist, besitzt er nichts, wovon er leben sollte, außer von ihren Früchten. Für einen echten Einsiedler ist das Lesen der Schrift keine «Übung» unter anderen Übungen und kein Mittel zur «Pflege» des Geistes oder des «geistlichen Lebens», geschweige denn eine Möglichkeit zum «besseren Verständnis der Liturgie». Denjenigen, die die Bibel aus rein akademischem oder ästhetischem Interesse oder als Andachtsbuch lesen, bietet sie in der Tat eine angenehme Erbauung sowie ausreichenden Stoff zum Nachdenken. Um jedoch der Tiefe der in der Schrift verborgenen Geheimnisse innezuwerden, muß die Bibel unser tägliches Brot werden und der Ort, wo wir Gott begegnen, wenn wir uns in tiefster Not befinden, im allgemeinen besonders dann, wenn wir Ihn nirgendwo finden und nicht wissen, wo wir Ihn suchen sollen!

«In der Einsamkeit habe ich schließlich begriffen, daß Du nach der Liebe meines Herzens verlangst, o mein Gott, nach der Liebe meines Herzens, so wie es ist, nach der Liebe eines Menschenherzens.

An der Hand Deines großen Erbarmens bin ich gewahr geworden und habe erkannt, daß die Liebe eines Menschenherzens, das verlassen und gebrochen und in Not ist, Dir wohlgefällig ist und den Blick Deines Mitleids auf sich zieht und daß es Deine Sehnsucht und Dein Trost ist, o mein Gott, jenen innig nahe zu sein, die Dich lieben und Dich als ihren Vater anrufen. Du hast vielleicht keinen größeren ‹Trost›, (wenn ich so sagen darf), als Deine bedrückten und bedrängten Kinder und alle die zu trösten, die arm und mit leeren Händen, mit nichts weiter als ihrem Mensch-Sein und ihren Begrenztheiten, mit großem Vertrauen auf Deine Barmherzigkeit zu Dir kommen.

Erst in der Einsamkeit habe ich gelernt, daß ich weder ein Gott noch ein Engel zu sein brauche, um Dir zu gefallen, und auch kein reiner Geist ohne Gefühl und ohne menschliche Unvollkommenheit, bevor Du meine Stimme vernimmst und mich anhörst.

Du wartest nicht, bis ich reif und groß bin, bevor Du bei mir bist, mich anhörst und mir Antwort gibst. Meine Niedrigkeit und mein Mensch-Sein sind es, die Dich bewogen haben, mich Dir zum Mitbruder zu machen, indem Du in meine Natur hinabstiegst und in mir durch Dein sorgendes Erbarmen lebst.

Und nun verlangt es Dich danach, nicht etwa, daß ich Dir die Danksagung und die Huldigung darbringe, wie Du sie von Deinen hohen Engeln empfängst, sondern die Liebe und die Dankbarkeit, wie sie aus dem Herzen eines Kindes, eines vom Weib geborenen Sohnes, Deines eigenen Sohnes, kommen.

Mein Vater: Ich weiß, daß Du mich zu einem Leben berufen hast, wo ich ganz mit Dir allein bin und wo ich lernen soll, daß ich Dein Sohn nicht sein könnte, wenn ich nicht ein schwacher, allen Unzulänglichkeiten und allem Bösen ausgelieferten Mensch wäre, dessen Liebe zu Dir hinfällig ist und sich auf Irrwegen verliert. Du begehrst die Liebe eines Menschenherzens, weil auch Dein göttlicher Sohn Dich mit dem Herzen eines Menschen liebt und Mensch geworden ist, damit mein Herz und das Seine Dich mit einer einzigen Liebe lieben sollten, die eine menschliche, von Deinem Heiligen Geist geborene und entfachte Liebe ist.

Wenn ich Dich deshalb nicht mit der Liebe und

Einfachheit eines Menschen und mit der Demut, ganz ich selbst zu sein, liebe, werde ich niemals der ganzen Süße Deines väterlichen Erbarmens teilhaftig werden.»

Ich muß Mensch sein und bleiben, damit das Kreuz Jesu Christi nicht leer wird. Jesus ist nicht für die Engel, sondern für die Menschen gestorben.

Ich lerne all das in der Einsamkeit aus den Psalmen.

Die Psalmen sind erfüllt von jener menschlichen Einfachheit, wie sie ein Mann wie David besaß, der Gott nach Menschenart begriff und liebte und deshalb Ihn, den einzigen wahren Gott, erkannte, der den Menschen Seinen Sohn in Menschengestalt senden würde, damit sie, zwar in Mensch-Sein verbleibend, Ihn mit einer göttlichen Liebe zu lieben vermöchten.

Und das ist das Geheimnis unserer Berufung: nicht daß wir aufhören, Menschen zu sein, um Engel oder Götter zu werden, sondern daß die Liebe meines Menschenherzens Liebe zu Gott und den Menschen werden kann und meine menschlichen Tränen mir wie Gottes Tränen aus den Augen fließen können, denn sie steigen aus den Fluten Seines Geistes im Herzen Seines menschgewordenen Sohnes empor. Von den Psalmen gespeist, wächst somit die Gabe der Frömmigkeit in der Einsamkeit.

Wenn wir das begriffen haben, wird unsere Liebe zu den anderen Menschen rein und stark. Wir können von uns weg zu ihnen hingehen ohne Eitelkeit und ohne Selbstgefälligkeit, und wir vermögen sie mit einem leisen Hauch jener Reinheit, Zärtlichkeit und Verborgenheit der göttlichen Liebe zu uns Menschen zu lieben.

Das ist die echte Frucht und der wahre Sinn der christlichen Einsamkeit.